AKA Louis

**Eloge de L'Intuition Pure
X de La Vision Interne
Sans Formes**

© 2019, AKA Louis
© *Silent N' Wise / Silencieux X Sage*
Couverture, Textes et Artwork
Par AKA Louis
Editeur : BOD – Books on Demand,
12 – 15 rond-point des Champs Élysées, 75008
Paris
Impression: BOD - Books on Demand,
Allemagne

ISBN: 9782322093069

Dépôt Légal: Avril 2019

Si Quelqu'Un
Te Dis que Tu
Es *Dieu_*
Combat Le_

Tu As Le Droit
De Vivre...

x Il y Aura
Une Fleur de
Pauvreté
En *Récompense*
Pour Apaiser
Ton Cœur_

'AKA'

La Volonté
de Démontrer
L'Existence de
*Dieu_* Cache Toujours
Une Trahison...

Donc, Je Bois
Du *Vin_*
Sans Chercher
à Savoir_ *s'Il*
Existe ou Pas...

'AKA'

Tu Dis Que *Dieu*
M'A Vu Comme Si
Ça Justifiait
Quelque Chose...

Saches Que *Je*
N'Ai Pas Vu x
Que J'Ai Cru...

'AKA'

J'Ai *Vu*
Mon Soi
Supérieur

x Je Suis

Devenu_ Un
Derviche...

'AKA'

Ma Seule
Conviction
Est d'Être Pauvre...

'AKA'

Table Des Matières

I/PréAmbule
X Autres Considérations

1/ Avertissement /11
2/ L'Appel – Un Défi x Un Test /13
3/ Résumé du Livre /16
4/ A Propos de Style /17
5/ La Ponctuation Dans Le Texte /18
6/ Notes Sur L'Ecriture /19

II/Vision/s
189 Textes Poétiques

Eloge de L'Intuition Pure x de La Vision Interne Sans Formes /22

III/Voyage/s
Récit d'Un Cheminement Interne Vers Le Seuil

I/ /193
II/ /204
III/ /205

IV/Bio x Infos

Bio /208
Contact x Liens /209
Ouvrages de L'Auteur /210
Conseils de Lecture/1 /212
Conseils de Lecture/2 /213

I/

PréAmbule
X Autres Considérations

Lutte Pour
La Bonté
Qu'Il y A Dans
Ton Cœur_

Un Sentiment,
Vaut Mieux
Que Tout L'Or
D'Un Honneur
Prêt à Faner_

... Car
Nul Ne Sait
Qui Est *Dieu*_

X Il N'Y Aura
Pas de Foi_

En Echange d'Une
Foi_ *Brisée*,
à Jamais, Au Gré
Du Vent...

'AKA'

Avertissement
/Prologue à Un Témoignage Poétique

La constitution d'une Religion organisée mène tôt ou tard à l'Athéisme par sa Dimension *Temporelle*.
La Réalité de la Foi ne peut être maintenue que par des *communautés informelles*... qui n'ont pas nécessairement de prétention au *prosélytisme*...
La Mauvaise compréhension d'un enseignement produit des hérésies, et les hérésies produisent des attitudes *sectaires*... La Vie Intérieure est, Elle Seule, l'Univers Sacré où le Cœur s'épanouit.

Aucune personne au Monde n'a le Droit de s'adresser à une autre au Nom de Dieu... Dieu est l'Affaire de chacun et cette affaire relève de la connaissance du Cœur... Dans cette Dimension il n'y a ni Concept, ni Raisonnement Intellectuel...
Et Si l'Essence de la Réalité ne peut être perçue par eux, il est légitime de se demander si le Monde existe ou pas. Il en va de même pour la *Divinité*.

La Foi n'en est pas pour autant remise en question, puisqu'elle est une affaire personnelle qui ne regarde que chacun... en tant que moteur de confiance, puisqu'il *n'y a pas de Vie sans Espoir*... et que *l'Espoir fait vivre...* ! Cependant dans un Univers où l'on ne sait ce qui existe, ou pas, réellement... Il faut demeurer dans ses propres limites, où sombrer dans le Folie pour de bon... Voilà pourquoi il est bon d'avoir une Pratique et une Discipline, fondées sur une Vraie Connaissance de la *Lettre*... Et La Poésie est sans

doute, ici, ce qui convient le mieux pour exprimer la Beauté d'avoir une Croyance sans être *crédule*...
Les Phénomènes de Perception sans Objets, les Hallucinations et Expériences dites Mystiques ou de Conscience Modifiée, sont sans doute plus répandues qu'il n'y parait au sein même d'une Population qui ne se rend pas compte.
Elles ne sont pas louables pour autant, mais attestent de la cruauté et de la dangerosité de la vie que nous menons, dans une société qui n'a pas trouvé son sens, et qui ignore la Valeur d'une signification Réelle et Salutaire... Notre Vision du Monde est *changeante* car le Monde n'a plus de Sens Authentique et Fiable...

Si l'on peut interpréter une Vision, dans une certaine mesure, limitée, tout comme on peut
interpréter un Rêve... Il n'en demeure pas moins
que seule une Vraie Intuition Rationnelle peut mener à Une Appréhension Concrète du Réel.
Cette Intuition est une Vision Sans Formes...
Une Intuition Pure et Fiable... Celle qui nait dans le Cœur de la Personne qui sait qu'elle existe au nom de ce qui fait la valeur de l'Humanité... et de ce qui ne doit pas être détruit... ou tué...

Le Dernier Texte de ce Livre, tout comme certains Poèmes qu'il contient, évoque des Expériences Précises sous forme de Témoignage Poétique.
Il appartient au Lecteur de Considérer si elles sont Réelles ou pas... C'est la Valeur de Moralité du Texte qui compte dans ce qui fait l'Importance d'un Apport Humain. Quand à Nous, Nous en Restons à la Poésie.

L'Appel – Un Défi x Un Test

L'Idée d'un Appel de Dieu reposant sur une personne et l'invitant à répondre dans le but d'embrasser un ministère, semble répandue dans certains milieux de culte populaire, de proposition religieuse,
alternative, mais ouvertement prosélyte et à prétention conventionnelle. Elle l'est aussi dans un contexte plus courant. Une Etude Anthropologique pourrait permettre d'attester de la Réalité de telles affirmations, mais est-ce vraiment ce qui, en soi, est important... ? La Prophétologie, ou l'Appel à la Prédication, sont des Réalités confirmées dans différentes Sphères religieuses. Mais la Réalité de ce que chacun de nous à apprendre et à découvrir, *appelé* ou *non*, se situe-t-elle dans une telle exhortation? Connaître *Dieu*, c'est se rencontrer
Soi Même et Respecter les Autres... C'Est à dire, être à même de les reconnaitre...
et non pas de les renier ou de les nier... dans leur *Réalité/s Propre/s*....
Nul ne voit jamais *Dieu*, et Aucune Personne
de Foi et de *Raison, Intime*, ne peut croire être *Dieu* lui-même, pour des raisons profondément humaines... qui sont celles des limites d'un individu. Pourtant il y a bien un chemin à faire, et c'est là que cette exhortation prend l'allure d'une épreuve, et d'un test, qui n'a rien de *nécessaire*, c'est certain, mais qui engage *l'Interpellé* dans un guerre contre sa propre bêtise, et surtout contre son propre égoïsme et sa propre ignorance... Ce qui est extrêmement délicat... et non sans risques...

La Prophétologie et la Prédication sont des Phénomènes propres aux Ecritures, mais le Cœur, Lui, ne peut se satisfaire que de Fraternité... au nom de l'Humanité, et de la Souffrance endurée par les Exclus, dont on a fait des Êtres *Exceptionnels*, non par reconnaissance, mais par intérêt, entre autres... Ce qui peut engendrer énormément de confusion, et d'Actes de *Folie irréparables*. La Foi se fonde sur *des Ecritures*, mais la Religion est superflue aux yeux de celui qui a pratiqué une Ethique sur la Durée, au nom de la Vie, de l'Expérience et de l'Amour du Prochain... Les *Prophètes* et les *Prédicateurs* n'Existent pas en dehors du Livre... Les Hommes, eux vivent, naissent et meurent...
Voilà pourquoi les Humains, doivent pratiquer l'Amour du Prochain... Afin que l'Humanité ne soit pas un vain mot... et qu'il en reste quelque chose, au delà des Mots, et de la Lettre Incomprise... Les *Personnages* n'existent pas dans la Vie Intime... qui Seule est Réelle... C'est la Vie Intérieure, qui concrétise la Fraternité Authentique... Où l'Improvisation et la Créativité ont une plus grande part...

'Vision/s' est un Livre qui évoque sous forme de Témoignage Poétique, le Combat Livré contre la Prétention à être *Dieu* pour *les Autres*... quand bien même les intentions pourraient sembler bonnes ou louables... *L'Existence* de *Dieu* n'est jamais démontrée, et c'est la Raison pour laquelle la Foi,
est si précieuse, mais aussi si nécessaire à l'humain, pour sa propre survie et sa propre sécurité (!). Car avoir la Foi ne Consiste jamais à avoir des *croyances*, mais à savoir se débarrasser d'elles au moment le

plus crucial... Afin de ne pas payer le prix le plus cher, pour une faute, qui a priori, n'a pas été commise... Et qui pour des raisons évidentes ne peut, ou ne doit pas l'être...De la Bonne Foi à L'Imposture il n'y qu'un pas si on ne croit pas en sa propre sincérité... C'est à dire, si l'on est incapable de la distinguer de son ignorance... et de sa mauvaise Foi...

Il est quotidien et courant de prendre *Les Autres* pour *Dieu*, malheureusement, mais ce n'est pas normal. *Dieu*, représente quelque chose pour tout le monde, y compris pour ceux qui n'y croient pas, car lorsqu'on parle de *Dieu*, on parle toujours de *quelque chose*, qu'on n'est pas à même d'admettre en public, selon ses propres connaissances, failles, tabous ou ignorances, reconnues ou non ; admissibles ou pas, par la Société, ou la Communauté, de manière concrète ou tacite. C'Est Malheureusement un mot *fourre-tout*, qui vient masquer un manque grave de connaissance de Soi et de l'Humain. Et c'est la Raison pour laquelle l'Education, en termes de Vie Intérieure, est une nécessité absolue, pour chacun d'entre nous, et pour les générations futures. Quelque soit le mode de croyance, où son absence totale, dans toute la Liberté dont l'Être Humain a besoin pour vivre, sans avoir à se prononcer sur le fait de savoir, si *Dieu* existe, ou s'Il n'existe pas.

Si *Dieu* est Religion, Nul n'est de *Dieu*, s'il croit en sa propre Âme... Personne n'Est contraint de croire en un Appel au nom de ce qu'il n'a pas *vu*... ou *cru*, plus précisément, car la Foi, ne vit que dans le Cœur...
Et le Cœur ne tolère pas le Mensonge.

Résumé
Du Livre

Les Phénomènes de Perception sans Objets, les Hallucinations et Expériences dites Mystiques ou de Conscience Modifiée, sont sans doute plus répandues qu'il n'y parait au sein même d'une Population qui ne s'en rend pas compte.
Elles ne sont pas louables pour autant, mais attestent,
de la cruauté et de la dangerosité de la vie que nous menons, dans une société qui n'a pas trouvé son sens, et qui ignore la Valeur d'une signification Réelle et Salutaire. Notre Vision du Monde est changeante, car le Monde n'a plus de Sens Authentique, et Fiable... Et la Société n'a Rien à proposer dans cette Direction. 'Vision/s' est un Témoignage Poétique, autour du Thème des Perceptions Autres et Différentes... Avec la Proposition que la Beauté, de la Poésie, est de croire que l'on peut avoir une Croyance sans être crédule... Afin que le Meilleur soit Viable... Et Source de Bien Être...

A Propos de Style

Nos Ouvrages n'ont pas de prétention à la Sagesse. Ils constituent juste une invitation à Vivre, que nous avons choisi de transmettre, après l'avoir nous-même reçue. Nous ne souhaitons pas spécifiquement susciter de grandes Réflexions Intellectuelles, mais Des Parfums, des Impressions et des Goûts. C'Est l'Objectif de Notre Poésie, et C'Est la Raison, du Choix de Notre Source d'Inspiration, En la Dimension Sacrée, d'Un Orient Interne et d'Une Asie Apaisante, et Onirique... La Poésie de L'Ivresse Orientale, ou Poésie Bacchique de Perse, d'Asie et du Monde Arabe, a produit des Chefs d'Œuvres indépassables, mais Inspirants pour les Générations d'Aujourd'hui... Sans chercher à les Imiter, Mais Résolu de faire revivre leur Esprit, en L'actualisant... Nous avons développé un Style Original, Nous permettant, de faire passer des Notions similaires... Avec la Possibilité de les Conjuguer avec le Temps et les Epoques... Nous ne donnons, pas d'Explications, Nous écrivons de la Poésie... Nous laissons libre soin aux Lecteurs, de Comprendre ou de ne pas chercher à Comprendre... Avec la Liberté de saisir chaque Texte, comme un Instant particulier, à l'Abri des Regards... Et des Jugements Hâtifs... Certains Poèmes du Livre sont signés d'Autres non, C'Est purement Aléatoire... Nous sommes Auteur de Tout les Poèmes, et Nous les Avons créés, par Improvisation Verbale et Spontanée... Excellente Lecture à Vous Tous... Paix x Bénédiction/s. 'AKA'

La Ponctuation
Dans Le Texte

Virgule/, : Une virgule marque un léger temps d'arrêt. Idem pour une coupure : (…)
Points de suspension/ … : Les points de suspension marquent environ deux temps d'arrêt et de silence.
Doubles points de suspension/ … … : Deux groupes de points de suspension marquent environ quatre temps soit une mesure d'arrêt.
Saut de ligne : Un saut de ligne marque une pause, bien sentie. Un saut de deux lignes marque une double pause, bien sentie.
Un grand tiret/ _ : Un grand tiret marque une pause subtile et variable, avec appui sur la dernière syllabe.
Retour à la ligne : Un retour à la ligne marque un rejet d'un mot, mis en valeur au début du vers suivant, avec un appui sur la fin du vers précédent.
X ou x : Un « x » signifie « et ».
Tempo : La durée des temps d'arrêt ou de silence se détermine par rapport au tempo de la lecture. Ce tempo est celui d'une lecture « normale ». Elle est plutôt vive et rapide, mais laisse place aux mots. // La rythmique des textes n'est pas toujours évidente, mais elle est bel et bien présente. Le Lecteur doit retrouver la dimension verbale et musicale poétiques, et accéder ainsi à la Signification Interne. Ces éléments de ponctuation ne sont que des indications. Leur utilisation relève parfois, aussi, de l'esthétique. L'emploi inhabituel des majuscules est pure Licence Poétique, et ne doit pas dérouter le Lecteur. Passez un bon moment au rythme de la lecture des Textes. 27/03/2019. L'Auteur de ce Livre.

Notes
Sur L'Ecriture

Les Textes commencent Souvent par La Première Personne du Singulier, par Un Pronom Neutre, ou par des Formes Verbales Impératives, Entre Autres. Un Effort Littéraire plus prononcé sur ce plan, aurait pu permettre d'aller plus loin dans la Rédaction. L'Effort Poétique n'en demeure pas moins Original, et Nous l'espérons, plein de fantaisies. La Question du Narrateur reste posée, mais, ni l'Auteur, ni le Lecteur, ne sont obligés d'y répondre. Nous ne disons jamais aux Lecteurs ce qu'ils doivent penser, ou lire, ni même, entendre... Et Nous espérons qu'Ils seront Libres, de goûter et d'éprouver le Meilleur, à travers cette Expérience Poétique que Nous proposons.

PS/ : Nous Invitons Les Lecteurs de ce Livre à lire, s'Ils le souhaitent, d'autres de nos Ouvrages pour mieux comprendre Notre Démarche Poétique, mais aussi à se documenter sur les Thèmes qui Nous inspirent le plus. Des Conseils de Lecture sont disponibles en fin de Livre. (cf/ : Conseils de Lecture #2 en particulier, pour les Ouvrages les plus notables et maitrisés) ...
Ce Livre ne fait pas La Promotion d'Expériences Dangereuses. Il Est Néanmoins Réservé à Des Lecteurs Avertis ou Soucieux de l'être.

#Poesie #Bacchique #Khamriyyat #Perse #Iran #Asie #Poesie #Mystique #& #Amoureuse #Art #& #Culture #Urbaine #& #Contemporaine #Lettres #Hurufisme #Lettrisme #Lettristes #VieInterieure

Chaque Lettre
Est Un Ange
Que Tu Ne Peux
Saisir...

Placés, En Rang_
En Chorégraphie,
De Combat...

... Cote à Cote...

Entamant Une
Danse d'Avant
Guerre...

Coute Que Coute,

Prêts à Délivrer
Les Âmes d'Un
Mauvais Songe...

'AKA'

Je Bois du Vin,
Sans Rien Savoir
De L'Existence de *Dieu*_

'AKA'

II/

Vision/s /
189 Textes Poétiques

1.

Croire ou
Ne Pas Croire
Est Un Test.

Ce Test Est
Valable Pour
L'Un x L'Autre.

Je Bois du Vin
X_ Titube_
Humblement,
Sur Le Chemin...

Je Danse_
Serein,

x
Je Contemple
Le Néant_

de Parfums, Ivre.

'AKA'

2.

J'Ai Suivi Le
Même Chemin que
Mes Pairs...

Je me Suis
Tourné Vers
L'Orient...

Depuis Le Tréfond
De La Misère_

Jusqu'Aux Dunes_
Les Plus Fleuries, de
L'Horizon Lointain...

Je Veux Le Vin
Qui Absout Par
L'Absurde...

x Le Raisin qui
Ne Se Compte
Que Par 11_

Incessamment...

3.

L'Amour
Est Dangereux
C'Est Sûr...

Telle Une
Fleur Dont L'Ivresse
Mène à La Mort...

Que Tu Aies des
Ronces ou des
Epines
Peu Importe...

Le Velours
de Ta Corolle
Est Redouté...

'AKA'

4.

Mon Frère Perse
m'A Dit:

Que Fais Tu
Avec Nous Ô, Toi
Frère Au Teint
Contraste du Mien?

Je ne Sais,
Lui Ai-Je Répondu.

Je Bois Au
Nom du Néant de Préjugés.

C'Est un Honneur
De Boire Avec Toi,
m'A-T-Il Dit.

Buvons Encore
x Oublions.

'AKA'

5.

J'Ai Bu du Vin
x Un Peu de Miel

En Compagnie de
Mon Frère
A L'Hirondelle
Sur Le Front.

Puis, J'Ai
Entrevu_ Le
Courroux du Soleil
Pourpre_

Dévaster Les Rues
En Un Souffle
D'Horizons
Prudes
Retrouvés.

1999.

'AKA'

6.

Si Quelqu'Un
Te Dis que
Tu Es
Prophète
Tu n'Es Pas
Obligé de Le Croire...

Le Monde Est
Trop Changeant
Pour Qu'Une Telle
Réalité_
T'y Soit Accordée...

Mālik Ou Mal'ak.

Ne Veut Pas Dire
Donné Pour Subir...

Si C'Est Le Cas
Sois Sûr,
Qu'Il Vaut Mieux que
L'Azur Finisse En
Néant. *Absolu*...

7.

Au Seuil de
L'Age Adulte.

Au Passage
D'Un Jour à
Un Autre...

J'ai vu En
Un Ciel d'Aurore,
x de Pourpre...

Au Médian de L'Aube,
x du Crépuscule...

Un Homme Vitruvien
Silencieux_

Promesse d'Un
Avenir Impossible...

J'Ai Contemplé
La Vision Les Yeux
Clos...

Puis, à Nouveau,
Je les Ai Ouverts...

'AKA'

8.

J'Ai Vécu
des Choses...

x J'Ai Eu des
Signes...

J'Ai Vu des
Mondes Clos...

En Abyme de
La Folie Pure...

Pourtant_

Rien n'A de
Valeur à Mes
Yeux...

Que ce Que
Je Porte
Dans Mon Cœur_

x Ceux Pour qui
J'Ai de L'Amour.

Sois-En Averti.

'AKA'

9.

Si Quelqu'Un
Te Dis Qu'Il
Est *Dieu* tu
Sais à Qui Tu
As à Faire...

Si Quelqu'Un
Te Dis que
Tu L'Es
Tu Le Sauras
Encore Plus...

Médite Sur
Le Mal qui Fait
Prendre Les
Tourments
Dangereux_
De La Misère_

Pour Un Honneur
Au-Delà De ce
Que Ton Cœur
T'a Réellement
Appris...

'AKA'

10.

Tu m'As Défié
Pour Savoir qui
Était *Dieu*...
De Nous Deux...

Je t'Ai
Répondu que Je
Savais ce Qu'était
Qu' Être Frère...

Du Haut de *Tes*
Cheveux Blancs...

Tu n'As Pas Vu
La Gloire des
Âges...

L'Ancien des
Anciens
Est Venu Tel
Un Enfant
Régler Ses Comptes
Une Fois Pour
Toutes...

11.

On ne Voit
Jamais L'Âge des
Autres...

12.

Les Roses
Que Je ne T'Ai
Pas Offertes...

J'Ai Appris à
Les Cueillir...

J'Ai Appris à
Les Ecrire...

En Corolles_
Calligraphiées
Dans Le Sang...

Le Songe_
Est Parti, Pour
Revenir...

Sous La Forme
D'Un Néant, Trop Bon_

Accepte Le Parfum
De L'Elégance...

De L'Impossible
x Rude Pardon
Malappris...

'AKA'

13.

Visions Croisées...

Comme Une Croix
Blanche Au Pied
d'Un Lit
Environnée d'Une
Pluie de Pétales...

Résurrection_

Promise à
Un Frère_

Egaré_ Face Au
Silence...
Lui Intimant
De se Taire_
En Guise de Réponse.

14.

Je Crois
En ma Propre
Liberté_

De Faire, x de
Ne Pas faire_

De Dire_
x de Prononcer
Soupirs...

A L'Affut de
Quelques Roses_
Tranchées...

à Qui Redonner,

La Beauté_ de L'Ivresse...

... Sois Eméchée_
Avec moi_ En Boucles
Ebènes...

A L'Horizon
Des Actes Les Plus
Prudes...

Il Reste Une Place
Pour Danser
En Derviche...

15.

J'Ai Vu Le
Soleil Prendre
Un Teint, Ivoire...

Puis se Transformer,
En Homme de Lumière.

Après m'Avoir Saluer,
D'Un Geste Amical
x Chaleureux...

En Entamant, Une
Danse Enivrée,
De Bonheur, x d'Espoir.

... Ai-Je Halluciné... ?

Je Le Crois_
Maintenant...

x Si La Mort Est
Volupté,

Les Corolles Douces_
Ont des Epines qui Déchirent...

16.

Je n'Ecris pas
Pour Te Faire
Comprendre
Quelque Chose_

Mais Pour Te
Faire
Comprendre

Que Tu ne
Comprends Pas.

X Qu'Il n'Y
A Rien à Comprendre.

Au-Delà De ce qui
N'Existe Plus_

Depuis Longtemps.

Le Comprends-Tu?

'AKA'

17.

J'Ai Eu des
Grands Devant moi.

J'Ai Vu des
Huluberlus qui
Se Disaient Maitres.

J'Ai Plus Appris
Des Oiseaux qui
Chantent...

Que des Prophéties
Qui ne Se Sont
Jamais Avérées...

'AKA'

18.

Un Jour
Un Homme
M'a Parlé_

Dans Une
Assemblée
Populaire...

Il m'A Dit
Toi, *Mon Frère... !*

Il m'A Dit ce que
Je ne Puis Dire_

Il m'a Parlé
Violemment...

Avec Beaucoup
De Certitude...

Je n'Ai Pas cru
à Ce qu'Il A Dit.

x Ainsi, J'Ai
Sauvé Ma Vie_

'AKA'

19.

Ô, Gazelles
Des Dunes Reverdies,
Cristal x Emeraude...

Moi,

Imam_ du Raisin_
Je Prêche_

Aux Mondes
Interdits_
Qui n'Existent
Pas_

La Gloire du
Soleil Pourpre...

Reflété En un
Verre de Vin...

Sache que La
Perle, Succombe_
Entre Les Mains,

De Qui Rêvasse
Une Colombe.

'AKA'

20.

Ivre de Rosée
Telle Une
Anka.

Perdue dans
La Danse des
Malaïkas.

Porte Une
Coupe de Pourpre
à Tes Lèvres...

Si Tu Vois
Les Autres Comme
Des Frères...

En Milles x
Un Chemins, Clos.

En Milles x Un
Desseins_ d'Aube/s...

... Une.

'AKA'

21.

Je ne Suis
Pas à La
Recherche
De La Sainteté.

Je Veux
Tout Mon Soul...

Un Vin, qui
Laisse_
Ivre Mort...

Sans Autre
Indice_
Que Le Pétale
Virevoltant_

Issu de La
Corolle

Du Chaos

En L'Un_
Résorbé...

Du Néant,
Incandescent.

'AKA'

22.

Qu'Importe
D'Être Ceci

Ou Cela.

Pour qui A
Connu Son Âme

Au Bord d'Une
Coupe_
De Jus Pourpre.

Les Oiseaux
s'Envolent...

x Reprennent
Leur Liberté_

Ne Craint pas
La Condamnation
Des 'Sages'...

Celui qui A
Aimé Une Fleur...

'AKA'

23.

Nul ne Voit
Jamais La Couleur
de *Dieu*_ ...

Quelle Que Soit
La Forme.

Un Oiseau,
Passe_
x Apaise Tes
Souffrances...

Se Pose_
Sur Une Branche,

A Nouveau.

Puis s'Envole.

Sans Que La
Vision Interne_
N'Aie à Dire_

Le Secret de
La Paix_ La Plus
Indicible.

x Douce_ En
Cadences Prudes.

'AKA'

24.

Si Le Soleil
A Minuit...

Resplendit
Comme Une Aube
Trop Claire...

Prise La Vision
Interne, Sans
Formes_

x Dis-moi Quelle
Heure Est-Il,

Ô 'AKA'...?

25.

Je ne Veux
Pas qu'On Touche
à Mes Os Après
Ma Mort

Je Veux Voir
Mon Corps
Fleurir
De Pureté

De L'Incandescence
D'Avoir Trop Bu

'AKA'

26.

J'Ai Tout
Donné pour
Aimer...

Entre La Coupe
Tranchée de La
Lune...

Débordante
De Flots d'Art...

x La Beauté
En Eclipse, qui
Ne Sait se Dire
Je Veux...

J'Ai Déshabillé
L'Impossible

Avec Toute La
Tendresse du Malappris
Des Traitres...

x Je T'Ai Offert Avec
Délicatesse, Ma Fleur
En Partage de Pauvreté.

'AKA'

27.

Il Y a Beaucoup
D'Amour
Entre Nous...

Il Y a Beaucoup
D'Azur/s, Rougi/s
Par Le Pourpre...

Par La Lune,
Béni/s...

Dominant Les
Dunes...

Tranchée x Courbe
A En Finir Soul...
X Ivre...

D'Ethylisme,
Prompt à Guérir
Les Cœurs...

'AKA'

28.

Dans Mon Antre
Aux Murs de
Terre Rouge

Je Bois Un Vin
Pur x Délicieux.

L'Aurore Y Est
Douce_

x Ivre de Parfums,

Je Danse
Sur Pétales...

Marchant
Pieds Nus, Tel
En Asie...

'AKA'

29.

J'Aime Ton
Parfum...

L'Allure de Tes
Effluves, Prudes x
Douces...

Prudent_

J'Arpente,

... La Raide Danse...
Des Ivresses Pourpres.

Haletantes_

En Reflets de Ma
Prose, qui Frémit
D'Essences...

'AKA'

30.

Amour
à La Maure...

à L'Amie.

Fleurie.
En Délicates,
Corolles...

Couleur Grenade.

En Ribambelle,

D'Arômes x
Parfums...

Doux_
Pour Une Nuit,

De Mélodies_

Chastes x
Claires...

Avant La Raison,

Oubliée...

'AKA'

31.

La Douceur
D'Une Corolle
De Nuit_

Fait Frémir...

Comme Une Menace
De Mort_ Pour Une
Histoire
à L'Eau de Rose...

Je Fuis Vers
L'Asie...

Tel Un Pèlerin
Drapé de L'Un...

Après Avoir Eté
Conquis, Par Le
Parfum des Fleurs
Sans Drames...

En Eclipse/s...

32.

Tu As Le
Parfum de La
Vanille x de La
Cannelle...

x La Délicatesse
Des Lys Amers...

Au Bord de
L'Océan, Je
Rêvasse...

A Mesure_
Que

Je Cueille
Coquillages x
Perles...

A L'Horizon.

'AKA'

33.

Ton Parfum
Est Celui d'Une
Fleur...

Délicate.

Ta Saveur
Est Celle des
Rosaces, des
Coupes_ Parfumées...

Au Lendemain
Des Aurores de Jade_

Rouge/s_ D'Août.

Je Veux L'Ivresse
Qui Procure
Des Caresses de Brises...
Au Nom de La Lune,
Et Cætera...

'AKA'

34.

Que *Dieu_*
Existe ou Pas
Peu Importe...

Tous Les Jours
Je Prie...

x Me Prosterne
Sur Le Sol...

Que Je Crois
Ou Pas, ça Ne
Fait Pas
De Différence...

Un Verre de
Vin m'Attends
Près de Mon
Tapis Rouge...

'AKA'

35.

Je Suis Venu
Sabrer Les
Dreadlocks
De Ceux qui
Ont Trop
Attendu...

Il n'Y Aura
Pas de Messie
Noir...

La Lumière
Est Venue...

Dans Son Eclat
Sans Pareil...

Ne Parle Pas
De Bien x de Mal

Si Tu ne Sais ce
Que Boire du Vin
Veut Dire...

'AKA'

36.

Si Tu Veux
Me Parler
Parle moi
Comme à
Un Frère...

Les Roses du
Printemps
Sont Rouges
De La Jeunesse
Célébrée...

Je Bois
Un Verre de Trop
Aux Flots des
Années Perdues

Je Bois un
Verre de Plus
à La Gloire
D'Être Frère,
Un Moment, Encore...

'AKA'

37.

Dieu n'Est
Pas des Vôtres

x Il n'Est pas
Des Nôtres, Non
Plus...

Il Est Parti
Au Loin, Vivre
Une Vie qu'Il
A Bien Mérité...

Il ne
Reviendra Plus.

x C'Est Bien
La Moindre des
Choses....

Quand On
S'Adresse à L'Un,
En Bien, On ne
S'Adresse Pas à
L'Autre...

'AKA'

38.

On ne Trouve
Rien d'Autre que
L'Objet de Son
Propre Désir.

Purifie Ton
Cœur Avant de te
Dire, Âme...

Sœur.
Ou Frère.

Qu'Importe.

La Fleur,
Renverse, Le
Souvenir.

x Fais de L'Avenir,
Une Aube. Pourpre.
En Lueurs. De
Flammes Douces.

Je Suis Corolle,
x Lune. De Blanc,
Vêtu, Tel Un Maure.

'AKA'

39.

Je Suis
Pauvre En
Amour...

Telle La Plus
Incandescente
Des Fleurs...

'AKA'

40.

Tu Peux Aller
Où Tu Veux

Tu Trouveras
Toujours
Un Frère...

Quelle que Soit
La Couleur_
Le Cœur_ L'Astre,
Ou L'Horizon...

Je Médite La
Peur, Pour En Faire
Des Aurores de
Lumière_

Pure...

... Une... x Insaisissable...

Prompte à Guérir
Du Doute Le Plus Traitre...

'AKA'

41.

Jésus
Etait Un
Qalandar...

Un *Malâmati*
Confirmé...

42.

Je Suis
Totalement
Libre...

*Je Sais ce
Dont Mon Cœur
Ne Veut pas...*

43.

Ce qui Compte
Ce n'Est pas La
Réalité qu'On
T'Impose...

C'Est Celle Que
Tu Vis...

44.

J'Ai Marché
Avec Les Maures...

J'Ai Trainé Avec
Des Dreadeux...

J'Ai Eté Reconnu
Derviche...

Je Suis Un Frère
Sincère x Pur...

Qui Sait
Que L'Unique_

N'Est Jamais Vu,
Mais Toujours
Connu, Au Sein des
Cœurs...

'AKA'

45.

Je Suis
Un Frère
Sincère x Pur...

Je Crois En
Une Cause_
Commune...

Ma Personne
N'Est Plus En Cause...

Ecloses Sont
Les Fleurs, à La
Surface du Vin...

46.

Chaque Société
Produit sa Propre
Marginalité.

47.

Je Crois
En La Vérité de
Mon Vécu...

Pas à Ce
Qu'On Attend
De Moi...

Me Voilà,

Pèlerin,
Egrainant Les Perles
Qui Font Eclore Les
Fleurs du Silence...

Me Voilà,

Frère x Pourpre_

D'Avoir Bu
Le Vin_
De La_
Sincérité...

'AKA'

48.

Je Suis un
Homme de Cœur...

Je ne Veux pas
D'Honneur_
Autre_ Que Celui
De La Fleur,
La Plus Pourpre...

49.

L'Avantage de La
Poésie
Est de
Proposer
Quelque Chose...

Sans Imposer
Quelque Chose...

50.

L'Art d'Être Frère
Est Celui de s'Evanouir
Dans Le Néant_

'AKA'

51.

Tu T'Es
Présenté_
Devant moi_
En Me Disant_
Que *Dieu_
M'A Vu...*

Ma Foi_
En A Eté Testée,

x J'Ai_
Répondu_ *Comme
Il Se Devait...*

Ne Pas Croire_
Que Tu Es *Dieu_
Est Le Premier
Pas Vers Le
Salut...*

Pour ma Part,
Je Bois du Vin_

Car Du Raisin_
J'En Ai Déjà...

'AKA'

52.

Les Corolles
Ont Entouré
La Beauté
De Grâce x
D'Epines...

Par-Delà
L'Esquisse
De La Méprise
Triomphe, Au
Final_ Toujours
L'Art_

De L'Un x de
L'Autre_
Nul ne Sait,
Vraiment,
Qui Sera L'Elu_

Si Tu As Aimé
Ton Frère,
Tu Auras La Paix,
x Plus Encore...

C'Est Certain.

'AKA'

53.

Si On T'a Dit
Que Tu Es *Dieu*_
L'Essentiel
Est que Tu Ne
L'Aies Pas Cru...

Si On T'A
Défié à Ce Sujet_
Saches Que Tu
As Déjà Vaincu_

Car Le Cœur_
Le Plus Sincère_

Ne Tolère Pas
Le Mensonge...

Entre Songes x
Rêveries, se Cachent
Cauchemars...
Si L'Ombre
d'Un Doute S'y
Plonge...

'AKA'

54.

Une Colombe
D'une Beauté
Ivoire m'A Fait
Subir Un
Supplice
x Mon Cœur
S'Est Transformé
En Pétales...

Virevoltants...

55.

Les Maures
Qui se Déplacent
à Travers Le Temps
x L'Espace_

Sont Vêtus de Blanc
x Ne Disent Pas
Leurs Noms...

56.

Je T'ai
Ressenti Danser
Au Loin Tel
Un Uwaysi...

X Malgré Les
Distances_ J'Ai Bu_
En Ton Honneur.

57.

Des Maures
En Pèlerinage...

Se Déplacent
Au Sein de L'Univers,
Inexistant...

Traçant des
Cercles x Formes
Géométriques
En Silences...

Face à L'Egarement,
Du Monde Epris
D'Inquiétude...

58.

J'Ai Vu un
Bédouin d'Un
Monde Ancien
Lever Son Bâton...

Face à Lui
Soleil x Lune
Se Battaient...

En Un Instant
Il se Mirent à
Conjuguer, La Gloire de L'Unicité
Des Myriades_ En un Astre de Lumière
Opaque, Mais Eclatante...

59.

Me Voilà Maure
Vêtu de Blanc...

D'Etoffes
Ornées de Liserés
Floraux_

Avec Pour Seule
Récompense_

L'Arabesque
De La Fleur des
Pauvres_

Pour Avoir Eté
Adepte d'Un Djihad_

Prude x Amoureux
...

'AKA'

60.

Si à L'Aube
Du Jugement...

Tu Découvres que
Tu n'Es Pas *Dieu_*

Sois-En Réconforté

Il y A Un
Salut à Ton
Egard...

'AKA'

61.

Si Quelqu'Un
Te Dis que Tu
Es *Dieu*_
Combat Le_

Au Nom de
L'Humanité...

x Des Plus Belles
Heures à Venir_

Il y A Une
Fleur de Pauvreté,
En *Récompense*_
Pour Apaiser
Ton Cœur_

Il y A Un
Vin Délicieux
Pour Entrevoir
La Gloire Prude
x Douce du Néant.

62.

On Doit Tous
Quelque Chose
à Quelqu'Un
Qu'On n'a Jamais
*Vu_*

Lui Rendre
Hommage Est
Le Moins que
L'On Puisse
Faire...

Mais Flatter
En L'Occurrence
Est Vraiment
Mal Venu...

Seuls Les
Cœurs Eprouvés
Connaissent La
Valeur de L'Art.

On Se Bat Pour ce
Qu'On Aime,

Pas Pour ce Dont
On Ne Veut Pas.

'AKA'

63.

Il Faut
Combattre
L'Orgueil
d'Avoir *Cru*
Voir
Quelque Chose...

Quand L'Azur
Devient
Pourpre x
Que Les Yeux
Sont Clos...

Le Cœur
Fleurit *d'Avoir*
Eté Touché
En L'Abstrus...

Nul Intrus
Ne Parvient
Dans *Le Temple,*
Des Rosaces
Ecloses...

Nulle Vision
Autre_ Que Celle
Qui Est Interne
X Sans Formes,
Ne Peut rendre
Compte de *L'Art*
D'Être En
L'Aube, Si Claire...

64.

Depuis Le Milieu
Des Confins
Du Désert...

Sous La Voûte
D'Une Belle
x Jolie Nuit
Pourpre...

J'Entrevois
La Beauté du
Néant...

Me Dire En
Poèmes de Silences

Qu'Il n'y a
Pas de *Dieux*_
Ici_

Qu'il n'y a
Mieux que Dunes_

Hésitantes...

Sous La Brise,
Prude...

'AKA'

65.

Je Suis
Une Rose_

En Iran_

Je Suis Une
Fleur

Par-Delà Les
Limites du Paradis
Perdu_

Voulu/s. Aimé/e/s.
Trahi/s. Puis, Vaincu/s.

J'Ai Pour Seul
Salut, Mon Âme, Eclose...

Vêtue, du Néant de
L'Aube Claire_

'AKA'

66.

L'Amour Est
Invisible,

On Ne Le Voit
Jamais...

Si Tu As
Un Cœur_
Il Prendra La
Forme d'Une
Fleur_ Devant Toi.

Sans Doute.
Ou Peut Être...

L'Eveil Réside
Dans L'Emoi_
Clos_

Quand Un Songe Est
Venu_

X Pourtant Rien
N'Est Dit_

... Ce N'Est qu'Ainsi
Que L'On Sait
Être Ivre...
En Ne Voyant Pas.

Autrement...
Que Les Yeux Fermés.

67.

Les *Dieux*
Sont Mauvais...

Ils Redoutent
Que Tu Aies
De La Crainte_

Pour La Fleur
La Plus Prude...

La Plus Pure,
x La Plus Délicate
...

*Il Pleut des
Complaisances_*

Attelle-Toi à
Boire du Vin_

à T'Incliner
Sur Un Tapis Rouge.

Pour Que Le
Néant, Reprenne
Ses Droits_

Inaltérablement.

'AKA'

68.

Chacun
Perçoit
Le Monde
à Travers
Sa Propre
Mentalité...

Nul ne Voit
Ce qui Est Vrai
Qu'Avec Le *Cœur_*
*Le Plus Ivre_*

Danse Encore
Un Peu_

Au Milieu de
Parfums x Pétales...

Là Où, Tu ne *Vois*
Rien_
Il Faut Avoir
Un *Cœur*
Pour Trouver
Son Chemin_

'AKA'

69.

*Ma Gloire
Est d'Être*
Une Rose_

Dans Les
Temps Anciens.

Les *Hommes*
Etaient Pauvres.

x Nul ne Voyait

Vraiment...

L'Être qu'Il
Aimait Le Plus_

Ma Gloire
Est d'Être Une
Fleur_

Qui s'Est
Connue_

à Travers Le Néant.

'AKA'

70.

La Fleur
Appartient
Au Néant_

Les Anges *En*
*Sont Avertis_*

Le Vin se
Répand à Vue
d'Ailes...

... Bois Un Peu
de Jus Pourpre...

x Danse, Ivre_
En Derviche_

Rien N'a Jamais
Existé...

Rien N'Est Jamais
Conquis

En L'Aube
Douce...

x Prude_

'AKA'

71.

Si Toutes
Les Chimères
Se Présentaient
à Toi

Cela Ne Prouverait
Pas que Tu Aies
Vu *Un Grain de
Sable*_

Agenouille-Toi
Devant *Un
Verre de Vin*_

Pourpre.

... *Apprend à
Être Derviche,*

Soul_

Prêt à Danser.

X Vis... !

'AKA'

72.

Ne Succombe
Pas à L'Orgueil
D'Avoir Vu_

La Vision
Interne Nait
*Dans Le
Cœur...*

Bois du Vin
x Tout Ira
Bien_

Les Fleurs Sont
Ecloses_
Sur Le Chemin
De L'Œil Clos.

'AKA'

73.

Je Préfère
Être Un Frère_

Que de Me Croire
Au-Dessus des
Autres_

Les Corolles
Ont Un Velours
Redoutable...

Je L'Ai Appris
à Mes Dépends...

Sers-moi Un
Verre, Ô Jolie...

La Danse, Cette
Nuit, Sera Terrible !

Je Veux En
Avoir Pour Mes
Yeux Clos.

Frère Louis, a Dit
Son Mot Dernier.

'AKA'

74.

Certes,
L'Amour Est
Aveugle...

Mais Pas Trop_
Quand Même...

Il faut de Tout
Pour Faire
Un Monde_

Il Faut des
Couleurs
Pour Faire
L'Incolore...

'AKA'

75.

Nous Sommes
Des Êtres
Horizontaux
de Visions x
D'Etreintes...

Je Le Sens
Chaque Fois
Que J'Embrasse Le
Sol...

Ô, Terre...!
Rappelle-Le
Moi_ Lors de
Ma Prière
d'Après, Ivresse

Je Veux
Retrouver
Tes Entrailles
Lors de Ma
Dernière Heure...

'AKA'

76.

J'Ai Gardé
Mes Frères_

x J'Ai Fait Plus
Encore...

J'Ai Cru En
Leur Liberté...

'AKA'

77.

Je Préfère
Me Cacher
Dans Un Verre
De Vin_
Eclipsant Les
Songes x Prophéties

En m'Imprégnant
De La Lumière
De L'Aube
Jusqu'à L'Ivresse...

Du Parvenu_
Du L'Once...

Que de me Croire
Investi_ d'Une
Mission ou d'Une
Autre...

Vis! Est L'Invitation
Intime que J'Ai
Reçue...

x Que Je Partage
Avec Toi, Au Nom du
Plus Doux des Miels...
x De La Fleur La
Plus Enivrante...

'AKA'

78.

J'Etais un
Garçon Réservé

J'Avais Une Foi
Simple x Pure...

Un Homme
S'Est Présenté
à moi...

Il m'a Dit
Toi! Tu vas Travailler
Pour *Dieu_*

Ma Vie En a Eté
Détruite...

Je n'Ai Plus
Cru, de La Même
Manière, Après ça...

Seul Le Repos
De Mon Front
Sur Le Sol_

A Guéri mon
Cœur des Tourments
Hypocrites...

'AKA'

79.

Ne Crois Jamais
Celui qui Te
Dis que Tu Es *Dieu*.

80.

Les Raisons
Pour Lesquelles
Tu ne m'Aimes
Pas_

Ne Sont Celles
Pour Lesquelles
Je Bois x Danse...

Garde-Toi
De Toucher à
Ma Bouteille...

De Vin_

L'Ivresse_ des
Jolis Cœurs_
N'Est Pas faite
Pour Tout Le
Monde...

'AKA'

81.

Je ne Suis
Pas Un Elu_

Je Suis
Un Damné...

Le Verre
De Vin de L'Oubli
Est Tout Ce qu'Il
Me Reste...

La Lune s'Est
Faite Belle
Ce Soir_ x moi,
Presqu'Assoupi...

J'Entrevois
Déjà Le Monde
Promis_ de L'Ivresse,
Des Danseurs de
L'Orient Sage...

'AKA'

82.

Ô Frère,
Ne Crois Jamais
Que Tu As vu
*Dieu_*

L'Avenir
N'Est Pas Ecrit
x Tout Dépend
Uniquement,
De Toi...

Il y A des
Merveilles Dans
Le Vin qui
Scintille de L'Aube.

Il y A des
Douceurs Dans
L'Ivresse d'En Boire
Jusqu'Au Matin
Des *Derviches*...

'AKA'

83.

Je Danse x
Bois du Vin,
Pour La Gloire
De L'Un_

Pour qu'Une
Main Te Soit
Tendue, Si Tu
As Besoin d'Aide.

Je Plaide pour
Une Coupe de Jus
Pourpre x Pur_

Qui Reflète
La Lumière de
L'Aube x Les
Merveilles du
Levant_

'AKA'

84.

Boire x Être
Frère_
Il n'y A que
Ça de Vrai_

Danser x
Être Ivre_
Des Lueurs de
L'Aube du Levant

J'Ai Un Verre
De Vin_ Plein
x Bon Pour
Apaiser Les
Douleurs
De L'Exil...

J'Ai Une
Coupe Douce
x Parfumée Pour
Abréger Le
Qu'En Dira-t-on...

'AKA'

85.

Qu'Y-t-Il
De Plus Frais
x Doux_ que
Des Dattes
x Un Peu
D'Eau Fraiche... ?

Le Sol_
Pauvre x Humble.

Mes Lèvres
Enivrées de Prière
...

x Ma Bouche, Mes Mains
x Mes Pieds_

Sur Un Beau
Tapis de Fleurs... ?

*Sinon Le Songe
D'Un Parfum...*

*Puis, Le Parfum
D'Un Songe...*

'AKA'

86.

Sais-Tu qui
Tu Es Avant de
Croire que Tu
As vu Les
Autres... ?

Ne Vient
Pas Leur Dire
Qui Est *Dieu*_

Ils Le Savent_
Bien Mieux que
Toi...

Car Il Est
Plus Loin de
Toi x de Ta Foi

Qu'Il ne L'Est
De Leur Jugulaire...

'AKA'

87.

Lorsqu'Un
Homme me Parle
Abusivement de
*Dieu_*

Je me Tourne_
Vers mon Cœur...

Lorsque Je Danse
Autour d'*Un*
*Verre de Vin_*

Son Parfum
M'Enivre_
Tel Un Oiseau
Qui Resplendit

Ce n'Est Pas La
Peur qui Guide Mes
Gestes...

Même Si Chacun
Doit Connaitre
Ses Limites...

Si Tu ne Sais
Pas que Je ne
Suis Celui que
Tu Imites_

Il n'y A Pas
De Raison que Je Crois En Toi...

88.

Deux Frères Ne
Sont Jamais
Semblables_

Ils Sont
Toujours Différents

89.

Nul n'Imite
Jamais Son
Maitre_

Mais Craint
Son Seigneur...

Jusqu'Au Néant
De Formes...

x Jusqu'à
L'Oubli...

90.

Si Tu Avais
Vécu *à*
*L'Epoque des
Prophètes,*

Les Aurais-Tu
Aimés... ?

*Rien n'Est Moins
Sûr x Le Doute
S'Impose...*

Assurément...

Car Rien n'Est Plus
Difficile d'Avoir
Le Fardeau de *Dieu*
Sur Les Epaules...

x Avoir Quelque
Chose à Dire,

*N'Est Pas Tous Les
Jours Facile...*

'AKA'

91.

Rien, N'Est pas
Un Détail...

Rien, C'Est
Toujours...

Quelque Chose...

Il ne Faut Jamais
Passer à Côté de
Rien...

Sinon,

On le Regrette
Pendant_
Très Longtemps...

x Après, On ne
Peut Plus Revenir_
En Arrière...

x Cela Pour Avoir Pris
Un Rien

Pour Quelque
Chose d'Insignifiant
...
X Quelque Chose
D'Insignifiant...
Pour Quelque Chose de Terrible...

92.

Si Tu Ne Peux
Ecouter x Croire
Ton Cœur

Qui Peux-Tu
Ecouter x Suivre...
?

... Il n'y A Rien
De Prétentieux
à Suivre Le Chemin

Que Ta Foi_ à
Tracer Devant Toi...

Quand Bien Même
Elle Serait Née, de La Saveur,
d'Un Verre de
Vin...

Quand Bien Même_
Elle Serait Née... d'Un
Cœur... Esseulé...

Qui n'Avait Rien
de Plus Pour Survivre
...

Aux Muses...

'AKA'

93.

Malgré
Milles x Unes
Etudes...

Malgré Une
Foule d'Eloges,

Evanescentes...

Le Seul Réconfort
Que J'Ai Trouvé

Est Celui de Mon
Front Sur
Le Sol...

x De Goûter_

L'Humilité Pure...

94.

Qui Est
*Dieu_* ?

Quelqu'Un
Qui N'Aime Pas
Qu'On Parle
En Son Nom...

95.

J'Aspire à
Être_
Une Personne
Comme Une Autre...

*Entre Un Vers
d'Al Khôl_*

x Une Prière
Quotidienne...

... Sur La Voie
De L'Ethylisme

De L'Ethique_
D'Ataraxie...

Que L'Ivresse
Soit Mienne_

Si Appartenir,
Est Telle
Une Brise....

'AKA'

96.

Dire Non

A Celui qui
Te Dis que
Tu Es *Dieu*_

*Est La
Dernière
Tentation...*

Du Simple
D'Esprit...

... Mieux Vaut
Vivre Dans *Le
Néant de Soi....*

Que de Croire
Être Parvenu_

à L'Ultime
Révélation_

'AKA'

97.

Tu Préfères
Les Grands
Espaces x Le
Désert...

Ô Mon Frère...

Je Sais, que
Tu As Bien Raison

Saches que Je
Suis Comme Toi_

Vêtu de Pourpre,
A L'Air Vaste
x Virevoltant...

Je Vais d'Un Lieu
à Un Autre...

Avec Un Bâton
En Guise de Sceptre.

'AKA'

98.

*Je Suis_*
Ivre_ de Vin

Mais Je Sais
Reconnaitre
La Beauté d'Une
Fleur...

Encore.

99.

La Dernière
Fois que
Je m'Endormirai

Je Veux Le
Faire Sur mes
Deux Oreilles...

Ne me Dit pas
Que Je Suis
Celui que Je ne
Suis Pas...

Je Bois du Vin
Pour Ne me Souvenir
*De Rien_*

100.

J'Aime Les
Fleurs Parce que
Je Les Trouve
Jolies...

x Rien...

Au-Delà.

Que Veux-Tu de
Plus, Ô, Ennemi... ?

*Va Apprendre
à Vivre...!*

101.

J'Etais un
Jeune Homme Avec
Une Foi Simple.

Un Homme s'Est
Présenté Devant
Moi...

Pour me Faire
Croire que *Dieu*
M'A Vu...

Je ne L'Ai Pas
Cru, x J'Ai Sauvé
Ma Vie...

102.

On Connait
Les Fleurs de
Son Jardin_

Mais Pas Celles
Des Environs...

... Je Bois, un
Peu_
de Vin...

*x Prie_* En
Direction, du
Levant....

Pourquoi Médire_
La Vérité...

Si On a Tant
D'Amour_ *à Répandre.*

Je N'Ai pas
Eté Haï Toute ma
Vie...

Pour Croire que Je
Suis *Meilleur que
Les Autres...*

103.

Laisse-moi
Errer En
Derviche...

Soul de Vin

x Ivre de Fleurs.

J'Ai Compati
Toute_ Ma Vie...

Jamais, Je N'Ai
Cru que J'Etais
*Dieu_*

104.

Un Enfant
Qui Souffre
Est Quelqu'Un
A Qui On
Ne Ment Pas.

105.

J'Ai Vu un
Enfant Jouer
Devant moi
...

Je Suis Resté
Silencieux x
Humble Devant
Lui...

106.

Tu m'As Volé
Mon Humilité

x Tu As Fait de
Moi Un Prétentieux

Je T'Ai *Combattu*
Ô, Ennemi...

x J'Ai Repris
Ce qui M'Appartient.

107.

Si Tu N'As
Pas Vu *Dieu*
C'Est que Tu
Connais
Ton Cœur_

Si Tu N'As
Pas Vu L'Autre
C'Est Que Tu
Connais
Ton Âme.

108.

Je N'Ai
Jamais Eté *Dieu*
de Ma Vie...

Il N'Y A Pas
de Raison Que Je Le Sois, *Vaincu*...

Si Je Ne L'Ai Pas Eté Hier...

Je Ne Le Serai
Pas Demain, *Non Plus*

Rend Moi L'Humilité
Que Tu m'As Prise...

x J'Oublierai Jusqu'à Ton Nom.
Qu'Il En Soit, Ainsi...

109.

J'Ai fait
Face à *Mille
x Une Visions
Avant de
Connaitre* Mon
Cœur...

Aujourd'hui
Je Fait Face à
L'Aube_
*x Je Connais
La Paix...*

110.

Je N'Ai pas
La Prétention de
Croire_

Mais Chaque
Jour Je Pose mon
Front_
Sur Un Tapis
Rouge_ Tel
Un Vin Versé
Couleur
Safran...

'AKA'

111.

Le Plus Humble des
Hommes_
A Bu du Vin
En Songeant à
L'Errance de Son
Frère...

Il A Suffi
de Deux Doigts
Pour Mettre
Fin_ *à L'Existence*
Du Monde...

Entre Sentence
x Misère...

Le Désert...
Fleurit de Corolles

La Liqueur A mis
Fin Aux Songes...

Mais La Coupe
Est Bien Réelle...

'AKA'

112.

Un Homme s'Est
Présenté_ Devant moi...

x M'A Dit_
Que *Dieu_* Avait
Un Travail_ à Mon Attention.
...

Ma Vie Est Partie
En Morceaux...

x Mon Destin_ En
A Perdu Tout Son
Sens...

J'Ai Tout Cassé
Sur Mon Passage
...

x Ai Perdu Le
Peu_ de Sagesse_
Que J'Avais...

... *Par La Grâce*
Du Seigneur de
L'Oubli...

Les Essences de Fleurs....
Ont Ravivé Mon Cœur...

... Au Bord d'Une
Coupe d'Al Khôl.

113.

J'Ai Fait
Le Bien Autour
De moi...

J'Ai Essuyé
Milles x Une
Railleries...

J'Ai Marché
Droit Sur Le
Chemin...

Puis, *Soul*
*x Ivre_*
J'Ai Fini_
Derviche... ...

'AKA'

114.

Les Visions
Dépendent
De L'Âge...

Des Âges...

x Des Songes...

Allégeant_
L'Univers_ Sourd,

En Petites Perles

Légères...

Egrainées Par *des
Géants*, Faits de Rien.

Avant Que Le Tout,

N'Assouvisse....

Son Goût, Prude,
Du Néant...

x D'Eveil_ qui
Resplendit...

'AKA'

115.

Je Ne Suis
Pas *Dieu_*

x J'Ai Le
Droit de *Vivre_*
Comme Tout
Le Monde...

Ma Vie.
La Mienne...

x Pas Celle_
D'Un Autre...

x De Boire du
Vin_

Jusqu'à Ce Que
Mon Cœur Fleurisse
...

Avant que Je Ne
Succombe...

x Ne Finisse
En Rosaces...

'AKA'

116.

Il Faut Vivre

*Il Faut
Vivre x Aimer...*

Il Faut Chérir_

Danser_

x Respirer Les
Parfums des Fleurs

Partout Où Tu
Iras...

Il Y Aura_
Un Avenir...

Si Tu Sais
Célébrer_ La
Gloire...

D'Avoir Vu *Fleurir
Un Verre de Vin*_

'AKA'

117.

J'Ai Erré
Dans La Rue...

J'Ai Comme_
Erré Dans La Rue,
Soul x Groggy_
De Drôles_ de
Souvenirs...

Poursuivi_

Par_ des Panthères_
Noires...

Au Canines_

Redoutables...
x Aux Yeux_

Injectés de Sang...

... Seule La Lumière,
De Mon Cœur_
Convaincu...

M'A Permis_ de Sortir_
Du Trépas...

'AKA'

118.

Devant des Juges...

Devant des Juges
Aux Regards
Sévères...

J'Ai Appris
à Me Taire_

Puis_

à Me Défendre...

Face à L'Accusation
De *Folie_*

Consécutive...
à La Traitrise...

Aux Propos_ d'Autorité_
Abusive_ x_ Inexplicable...

... Au Goût
d'Un Miel_ Absurde_
Promettant_
Le Paradis_

J'Ai Dit_
*Je ne Sais_* ...

Pour Un Coup_
De Marteau... x Un *Adjugé_ Vendu...!*

119.

Un Homme
M'A Dit...

Oui, Un Homme
M'A Dit...

*Au Nom de
Dieu_* Tu Feras Ceci
x Cela, de Ta Vie...

Des Catastrophes...
Imprévisibles... ...
S'En Sont Suivies...

Dans Mon Existence...

x Je Me Suis_
Retrouvé Sans Rien_ !
Hagard, Dans La Vastitude...

*... Seule La Sincérité_
De Mon Cœur...*

M'A Permis, de
Reverdir_ Le Jardin, de
Ma Foi...
... Ô, Frère... Ne Crois
En Rien_
Qui Ne Sois Pas... ...

La Lumière *de Ton Âme*... ...
Pour Te Montrer_, Le Chemin, En Toute Quiétude

120.

Là Où Est La
Lettre_

Tu Sauras_
*Ce qui A Eté
Vécu...*

x Ce Qui N'A
Pas_ Eté Vécu...

*... Ce qui A Eté
Dit_*

x Ce qui N'A
Pas_ Eté Dit...

*Nul N'En Saura_
Vraiment_ Rien_*

Mais Au Paradis_
Les Oiseaux...

Ont Pour Langage,
La Poésie...

x Le Vers de Vin_
Guérit_ Les Cœurs...

Endoloris...

121.

J'Ai Marché
Dans La Rue....

Avec Mon Frère_
Perse...

x Nous Avons Partagé
Une Calebasse
De Miel...

Absorbé Par L'Ivresse,
Nous Avons Conclu_
Un Pacte_ de
Sobriété Ethylique...

Avant de Découvrir
Que Nous L'Avions_ Fait,
Au Nom du Vin...

J'Ai Mille Fois_
Vu_ Mon Frère...

Avant de Le Revoir
Coiffé_ d'Un Fez...

x Prompt à Bénir...

J'Ai Mille Fois_ Vu_
Mon Frère...

Avant de Le Revoir
Soul, *de Méditer*...

122.

Après des Moments
De Délires...

Après, Une Mauvaise
Gnôle...

Un Miel de
Mauvaise Facture...

x L'Agression de
Démons Traitres...

Je me Suis vu
Autre, Que Moi-Même...

Dans Un Ciel de
Nuages Dissipés...

Le Visage Grave x Moqueur...

En Robe Pourpre, Tenant Bâton...

123.

Je suis
L'Imam
Du Raisin_

Je crois
En la Beauté
De *Pourpre_* !

L'Aube
En Roses
Claires
Déversée/s_

M'amène
A saluer
L'Ivresse_ !

124.

Un Homme
M'A Dit...

Au Nom de
*Dieu*_ Tu Feras
Ceci_ x Cela_
De Ta Vie...

Mais Le Salut,
Je L'Ai Trouvé Dans
Un Verre de Vin...

Je Suis L'Imam_
Du Raisin...

Le Serviteur_
D'Al Khôl...

Versé Au Nom des
Âmes, de Ceux_ qui
N'Ont pas Bu...

Les Faux Semblants_
N'Ont Pas Tenu_ Face
à L'Ivresse...

Face à Ton Prêche...
J'Oppose_

Beauté_ x Poésie.

'AKA'

125.

Aimer x Boire...

Boire x Aimer...

Voilà,

Tout ce Qui
Compte...

Voilà_ !

Ma Prière...

De Transes_ x d'Instants.

Je Fus Le Meilleur...
Soi-Disant...

*Le Plus Gentil... Le
Plus Doux...*

J'Ai Fini, Hagard x
Ivre... x Fou de Danse/s...

x Derviche...

'AKA'

126.

Quand On
Parle de *Dieu_*

On Parle Toujours
De *Quelqu'Un*...

*Qu'Il Soit Petit_*
Qu'Il Soit Grand...

Ne Fait Pas_ *Un*
Détail...

Dans L'Univers_
Infini...

x L'Infinité_
Des Univers...

Ce qui Est Grand_
x Petit,

Nul_ N'En Sauras_
Jamais Rien...

Ne Prends Pas_ *La*
*Souffrance_* Pour Un
Paradis...

x Bois Le Vin_ *Le Plus Exquis*...

x Rien_ N'Existera_ Jamais, Comme Avant...

127.

Je Suis Un
Frère...

Mais Je Ne Suis
Pas *Dieu_* ...

*Quand On Ne m'Aime
Pas_
Il Y A Une Raison.*

... Songe Au Raisin...

Au Rythme des Saisons,
Qui Engraine...

A La Boisson_
Qui fait du Bien_
x Rafraichit...

... Je Bois du Vin_
Sans Savoir Qui
Est *Dieu_*

x C'Est Exquis.

'AKA'

128.

Etourdi_
Par Une Fleur
Du Ghetto...

Abasourdi_
Par Une Tulipe
Du Quartier...

Je me Vois
Déjà Mettre_
Fin_ Aux Fantasmes...

Qui Font du Jeune
Homme...

Un Athlète...

Qu'Il N'Est Pas_ !

'AKA'

129.

Savoir Qui
Est *Dieu_*

Est Une Epreuve
Entre Soi x Soi…

Là Où Plus Rien
N'Existe…

Le Néant des
Songes_ Est
Avéré…

Il Ne Reste Plus
Qu'à Goûter_

La Fleur Exquise…

… Du Vin Le Plus
Pourpre…

x Le Plus Délicieux…

130.

Ne Pas Croire
Celui qui Te Dis
Que Tu Es *Dieu*_
Est La Moindre
Des Humilités...

Que Tu Crois_
Qu'Une Parole
Ait Existée_
Ou Pas...

Dans Les Deux
Cas, Cela Revient
Au Même...

... Dans Le Néant
Des Songes...

Nul Ne Croit
Au Détail qui
Tue...

Ou Qui Prive_
Du Bien Précieux

Que Nul Ne Peut_
Acheter...

'AKA'

131.

Voir *Dieu_*
Est Une
Tentation...

A Laquelle
Il Ne Faut Pas
Céder...

Je Ne Sais
Rien x_ *Ivre,*

Je Danse...

Au Cœur, de
Qui N'Existe Pas_ !

Appelle-moi_
Derviche...

Appelle-moi_
Fou de Vin... !

Caresser Une Fleur_
Est Le Bien que J'Ai
Conquis...

Pour Le Bien de
Mon Cœur...

En L'Ivresse des Parfums.

'AKA'

132.

La Loi du
Mensonge Va
Si Loin qu'Elle
Peut Te Tromper
Sur La Nature
De *Dieu*...

Ne Cogite
Pas Sur
Les Ronces_

Ni Les Epines
Du Jeu Dangereux...

De Savoir Ce qui
Existe Ou Pas_

De Flirter_ Avec
La Métaphysique...

... Des Corolles Ont
Fleuries En L'Impasse,
Du Trépas_
Où L'Envie Traitre
Te Guetteras...

Un Couteau_
A Offrir_ à Ta
Gorge...

x Pire, Encore...

134.

Dire à Son
Frère_
Qu'Il Est *Dieu_*
Est Un Piège
Comme Un Autre...

L'Art Béni_
De Boire du Vin_
M'Offre Une
Plus Grande_
Liberté...

*à Raison_*

J'Ai Sans
Doute Un Grain_

*De Raisin_*

Pour Expliquer,
Ma Folie...

Dans Les Mains_
J'Ai La Clé,
Des Saisons...

*Pour Conquérir_*
*La Fleur_*
*Honnie_*
*Tant Exaltée_*
Des Astres...

135.

Tel Un Héros
Des Temps
Mythologiques...

Où La Foi
N'Avait Pas Encore
Donné Son Nom...

Je Chevauche
Un Destrier Blanc,

Afin de Mettre_
Fin_ à L'Horizon
Des Ombres...

D'Un Coup de Sabre
x De Regard Alerte...

Je T'Invite à
Contempler, Le Détail

Qui fait d'Un Cavalier
Redoutable...

La Face Cachée,
x Traitre_
D'Un Derviche...

Au Nom de La Lune, Bénie...

'AKA'

136.

Si Il Y a
Un Mot Sur Lequel
Personne Ne
Tombe d'Accord...

C'Est Bien
Sur Celui de *Dieu_*

Quand L'Un En
Parle x *Que L'Autre*
L'Ecoute...

Puis s'Exprime à
Son Tour...

En Général...

Ils Ne Veulent
Pas Dire La
Même Chose...

Le Sens de L'Unicité
Ne Tient qu'à Un Détail.

'AKA'

137.

Mes *Origines*
Ne Sont pas
Inscrites Sur Mon
Visage...

Quand Bien Même
Je L'Aurais Scarifié
x Sombre...

Quand Bien Même
Je L'Aurais
Chevelu x Albe...

Pour Un Sort
Que Je N'Aurais Pas
Mérité...

... Je Médite Assis
Sur Un Banc...

Près du Lac...

... Sur Le Complot
Sourd_ des *Origines*...

Sur ce qu'On Ne
Revendique_ Sans
Troubles_ Légitimes...

A Ne Rien Comprendre
Face Aux *Désidératas_ Du Rien*...

138.

Qu'As-Tu à
Juger En
Criminel...

x Délinquant,

Celui Qui
Est Resté_ Pauvre...

Au Nom d'Un
*Dieu_* Qui Te
Donne Le Droit...

D'Être Plus Fort...
Que Le Plus
Humble d'Esprit_ ?

... Que Crois-Tu Avoir
Vu... ?

Pour Te Confondre
En Ta Propre Imposture...

Le Défi Que Tu Lances,
Au/x Novice/s...

Est Ta Propre
Tentation de Délire...

139.

On Ne Peut
Pas Se Fier à Des
Visions...

L'Intuition
Est Une Affaire
De Compréhension
Interne...

Ce Que Tu N'As
Vu Avec Le Cœur
Le Plus Lumineux...

T'Est Passé Sous
Le Nez...
Sans Ne Rien Dire
De Ce Qui Tue...

'AKA'

140.

Le Monde Qui
T'Entoure N'Est
Rien Face à *Ta*
Réalité Interne...

Qui Façonne
Les Evènements
x Expériences...
Qui s'Offrent à Toi...

Le Partage
D'Un Silence_
En Fraternité
De Misère Prude...

Donne Naissance
à L'Exaltation
Des Corolles
En Résolution
D'Iris...

'AKA'

141.

Les Abstractions
Trahissent...

Un Monde Perçu_

*En Le Découpant
En Morceau...*

Face à L'Intellect
Qui Tel Un
Sabre...

*Ne Veut Plus
Rien De La Vie...*

Ou Même du Vent...

... Offre-moi
Un Verre de Vin

Offre-moi, Une
Coupe de Jus_
Réel...

Il N'Y A
Pas de Qu'En
Dira-T-On...

Au Paradis des
Âmes Eprouvées...

'AKA'

142.

*Tu N'Aurais
Jamais Cru_*
Qu'On Puisse
Mentir Sur *Dieu_*

Au Nom de *Dieu_*
x Pour *Dieu_*

Lui-Même...

Te Voilà,
Maintenant...

Pauvre_
x Esseulé...

Dépouillé
... De Tout,

Avec Le Vin
Pour Seul Remède...

'AKA'

143.

*Nous Sommes
Tous Sujet à Des*
Hallucinations...

... Nous Croyons_ *à
Un Monde, Qui*
N'Existe Pas...

Avant de Dire
à Ton Prochain
Qu'Il Est *Dieu_*

x Parfait...

*Demande-Toi Qui
Mérite_ Dans ce
Monde, Que L'On
L'Empêche de Vivre... !*

Garde Pour Toi...
Cette Morale_
Que Tu N'As Jamais
Pratiquée...

Sincèrement...

*Il me Reste,
à moi, Un Verre
De Vin_ Pour me
Soulager d'Avoir Cru
En Mon Prochain... x En Mes Frères... !*

144.

Tout Le
Monde Prend
Son Prochain
Pour *Dieu*_

A Partir du
Moment Où Il
*Le Prend Pour
Un Imbécile...*

Si Le Très Haut
Existe...

x Si Il Est
Tout Puissant...

A Priori...

Il Ne Doit Pas
Aimer Qu'On Le
Prenne Pour *Un
Doux Naïf Trop Bon...*

Même Si Bénis_

Sont Les Simples
D'Esprit...

145.

L'Histoire
D'Un Pâtre_ des
Prairies...

Est L'Histoire
Cachée d'Un Roi...

Toutes Les
Richesses du Monde

N'Existent_ Que
Dans La Convoitise...

Avant de Croire
Qu'Untel, Est Mieux
Que Toi....

x Que L'Envie Te
Mènera Quelque Part

Dis-Toi_

Que Le Roi d'Egypte_
N'Est Qu'Un
Pauvre Type...

x Que Celui de Babylone...

A Perdu sa Raison.

146.

Si Tu Te
Connais-Toi
Même_

Tu Trouveras
Facilement
Ton Chemin...

Qui Se Connait
Lui-Même_

... Se Trompe_ Moins
Facilement *d'Ennemi_*

Il N'Y A Qu'Un
Combat à Mener...

C'Est Celui_ de
Rester *Pauvre*...

Au/x Derviche/s
Est Le Vin Poétique,

x à La Poésie_
La Signification
Des Mots de Valeur...

'AKA'

147.

Ma Culture
Est Telle...

Que Je Ne
Crois Pas_

Que Je Doive_
Expliquer_
Mes *Origines_*
à Quelqu'Un...

... Dans Le Néant
Des Songes...

*Git_* Le
Commencement
Du Drame...

Avant de Croire
Avoir Vu *Dieu_*

Médite Sur
La Flemme De *Reconnaitre,*
Sa Propre Sottise...

148.

La Nature de
La Réalité
Est Telle...

Que Si Tu
Voulais La
Décrire...

*Tu N'Y Arriverais
Pas...*

*Même En Une
Seule Vie.*

Laisse à La
Poésie_ Le Soin_

De Redonner_
à L'Aube...

La Grâce de Ses
Lueurs Jolies...

Face Au Grave
Crépuscule...

'AKA'

149.

Ô, Al Khôl_ !

Pourpre_ !

*Dieu_
Des Derviches...*

Apprend A Mon
Cœur_ A
Reconnaitre_
Son Seigneur...

Je Suis_ moi_
Derviche... !

Ivre x Soul_
x Barbe Hirsute...

Prêt à Défendre
Ce Qui A de La
Valeur_

Après Toi.

X L'Ivresse...

'AKA'

150.

Que Sais-Tu
De Ce Qu'Est
*Dieu_*
Pour moi...

*Pour Croire
Que Tu Sais
Ce Que J'Ai
Fait Ou
Ce Que Je Ne
Fais Pas...*

Entre Ce qui
Existe *ou* Non...

Au Cœur de
L'Imperceptible...

J'Entrevois *L'Horizon,*
Sans Voir_
*Autrement Que Les Yeux
Clos...*

Ce Que J'Ai Fait
Pour moi... Je L'Ai
Aussi fait pour Les
Autres...

'AKA'

152.

Il Est Nécessaire,
Que Tu Vois_
Que Ton Frère
N'Est Pas
Meilleur
Que Toi...

Afin de Ne
Plus Songer
à Savoir Qui
Est *Dieu_ Ou
Non*...

X Ne Me Parle
Pas de Théologie...

Car Dans L'Affre
De La Modernité...

*On Ne Prend Jamais
Son Frère Pour Dieu_*
Si On Ne Pense
Qu'Il Est Un Imbécile...

'AKA'

153.

Je Ne me
Ferai Pas *Passer
Pour Un Saint*

*Après Avoir Vu
Le Fond des
Vertiges de La
Morale...*

Je Ne me Ferai
Pas *Passer pour
Dieu_ Après Avoir
Descendu_ Une
Carafe de Vin_*

J'Ai Trop Erré
Au Loin...

A Travers Les
Ruelles d'Un
Orgueil Délabré...

Pour Ne Pas Finir
Derviche...
En Songeant_ à La
Paix de L'Âme...

Loin de la Misère...

'AKA'

154.

*Tous Les
Versets du Monde
Ne Suffisent
Pas à Justifier*
L'Autre_
*Versant de La
Morale...*

*Nul Ne Peut
Croire de La
Même Façon Après*
Avoir Vu Le
Fond du Trou *En Face...*

Peut Être Reste-T-Il
Un Peu Brise...

Aux Rêves, Pour Apaiser
*Les Plus Grandes
Peines... ?*

*Après La Pluie Vient
Le Beau Temps, Dit-On...*

*Après La Nuit,
L'Aurore x Son Aube...*

'AKA'

155.

En Posant
Mon Front Sur
Le Sol...

En Penchant
Mon Regard *Vers*
Mon Cœur...

J'Ai Trouvé Ma
Liberté

Tel Un Oiseau_

Qui s'Envole, Vers
Le Creux du Néant_

... Les Cieux N'Ont
Jamais Existé...

Mais Il Reste Une
Place Pour Vivre...

Aux Bords des Eaux
Douces, Miroitant
L'Aurore, x Dont Les
Rives Sont Jonchées de Fleurs...

'AKA'

156.

Ma Foi
Était Simple...

Je Priais
Dans Le Secret
De Ma Chambre...

Avant qu'On Ne
Vienne Me Déranger
Pour me Raconter
Des Histoires
Sans Queue Ni Tête...

J'Ai Troqué Le
Danger d'Être Affable

Pour La Science
D'Un Adepte de L'Ivresse...

Si Tu Ne Comprends
Pas, Peu m'Importe...

Je Préfère Qu'On
Me Laisse Boire Un
Verre de Vin...

'AKA'

157.

Derrière Un
Visage Très
Sage_

Il Y A Parfois
Une Vie, Très
Difficile...

Ne Juge Pas_
Ton Prochain,
Ton Frère

x Encore Moins
Le Derviche
Lambda...

Ni Le Fou d'Ivresse_

L'Adepte de la
Brise x Des Corolles...

Qui N'A Pas Le
Droit, de Danser Ivre,
x Soul, s'Il A Vu
Le Cœur du Réel... ?

Ô, Réel_
Délivre-Nous... !

158.

Voir Le Détail
Qui Tue

Vaut Plus
Qu'Un Voyage
Dans L'Univers...

Voir Le Détail
*Qui Sauve_*

Que Les Merveilles
Du Désert d'Azerbaïdjan

J'Ai Parcouru
Le Monde...

Mais J'Ai Vu
Dans Un Grain de Sable...

L'Entièreté de
Ce Qui Existe_ Sans
Jamais Avoir Vu *Dieu_*

'AKA'

159.

Je Me Suis
Prosterné
Dans Ma
Chambre...

x J'Ai Invoqué
Le Néant_
Le Plus Prude...

En Plénitude
Contrastée...

J'Ai Ouvert
Mon Cœur x Parlé
Avec Mon Âme...

J'Ai Trouvé
Le Chemin Le Plus
Pur_

De Vie x d'Art_
X Merveilles de Poésie/s...

Sans Rien Demander
à Personne...!

x Sans Craindre Un
Châtiment Douteux...

'AKA'

160.

Un Homme
T'A Parlé Au
Nom de *Dieu*_

Il s'Est Permis
De Te Montrer du
Doigt...

Il T'A Dit
Que Tu Ferais ceci
Où Cela, De Ta Vie...

Sans Songer
Aux Dégâts que
Cela Causerait...

Pourtant, Il Prétendait
Savoir des Choses...

Où, Alors, Il s'Est
Bien Gardé de Les Dire...

Un Homme T'A
Parlé Au Nom de *Dieu*_
... Tu As Pété Les
Plombs_ x C'Est Bien
Normal...
... Bois Un Peu
De Vin, Maintenant,
Pour Guérir...

161.

Restez Humain_

Restez Humain...

Restez Humain...
Est Tout Ce Qui
M'Importe...

... Au Nom du Cœur
Qui Est Resté Pur_

*Au Nom de L'Âme
Qui A Voulu Se
Connaitre...*

Au Nom du *Soi* qui
A Trouvé Son Antithèse,

Je Veux Boire du Vin
x Restez Humain_

C'Est Sûr...

'AKA'

162.

L'Univers
Spirituel...

Est la Voie
Des Chimères...

... C'Est L'Espace Le
Plus Délicat_
*x L'On Peut y Vivre_*
Très Longtemps,
Sans Savoir, Ce qui
S'Y Trouve de Réel...

Je Marche Donc
Humblement...

Sans Juger, de Ce qui
Existe Ou Pas_

Au Centre des Deux
Est Un Verre de Vin

Qui N'Attend que
D'Être Goûté...

Au Nom de La Fleur
De Ce Qu'Il Y A
De Plus Doux à Vivre...

X De Plus Délicieux à Aimer…

163.

J'Ai Trouvé Refuge
Dans Le Temple
De Mon Cœur_

J'Ai Trouvé Refuge
Contre Les Méandres
De Ce qui N'A
Jamais Existé...

x Qui Pourtant
A Troublé Ma Vie...

Au Péril de Ce Que
J'Avais de Plus Cher...

J'Ai Trouvé Refuge
Dans Le Temple
De Mon Cœur_
Au Nom d'Un Néant
De La Plus
Grande Valeur...

'AKA'

164.

Un Monde Où
L'On Saurait
Ce Que Tout Le
Monde Pense
Ne Serait
Pas Un Monde Viable...

Nul N'A Besoin
De Rentrer Dans
Les Détails
Pour Savoir à
Qui Il A Faire...

Il Est Encore
Plus Aisé de Savoir
Si Une Personne
Nous Aime_ *Ou*
*Non_*

Un Cœur Simple
Est Trop Sensible...
Pour Accepter
Le Mensonge
Au-delà de Ses Limites...

'AKA'

165.

Des Fleurs de
Cerisier
Ont Poussées
Dans Le Désert
De Mon Âme...

Loin des Ombres
Carnivores, Aux
Allures de Félins
Obscurs...

Les Fruits des
Bois Sont Acidulés...
x *Les Promenades
Ont Une Tournure_
Drôle...*

Si Tu Crois Que
Ton Prochain
Est *Dieu_*

Tu Auras A
L'Assumer...

x Pas Lui, *A Priori.*

'AKA'

166.

Je Ne Nommerai
Pas Celui
Que J'Aime...

Je Ne Nommerai
Pas *Le Centre_*
Du Temple
De Mon Cœur...

Il Y A des
Mots Qui Ne
Se Disent_

... Pas_

Il Y A des Choses,
Qui Ne Faut
Pas Chercher

à Savoir...

'AKA'

167.

La Beauté
Est de Laisser
à Chacun *Le Soin*
De Vivre...

A Chaque Fleur
*Le Soin_*
De faire
Eclore Ses Pétales...

Dans Les Myriades
De Senteurs_

x D'Essences_
Les Plus Pures...
x Les Plus Délicates...
Il Y A Toujours

Un Parfum de Vie
X d'Espoir_

Pour Qui A
Aimer Une Corolle

Libre...

'AKA'

168.

Si Ce N'Est
Pas L'Un_
Ce N'Est Pas
L'Autre_ Non
Plus...

Si Ce N'Est
Pas L'Autre...

A Quoi Bon
Le Dire...

Ou Le Nier...

x Le Cacher...
Ou Le Fuir...
x Le Trahir...

Ou Bien Le Taire...

Qui Saura
Une Once de Soi
Même_ En Dehors...
De Ce Que Son
Cœur A Voulu...
Pour Dilemme... ?

'AKA'

169.

Si Tu Aimes
Sincèrement_
Jusqu'Au Bout,
*Tu Ne Te Feras
Pas Avoir...*

*Il Y A Beaucoup
De Fleurs
Sur Le Chemin_*
Mais Laquelle
Est Celle de
Ton Cœur... ?

La Paix Est Dans
L'Ivresse...

x La Beauté
Au Cœur du *Vide_*

Passe-moi La
Coupe de *Vin_* que
*J'En Ai Pour
Mon Iris...*

Clos.

'AKA'

170.

Je Préfère
Vivre...
Que de Me
Lancer Dans des
Considérations_
Intellectuelles,
Ou Philosophiques...

L'Aurore_ s'Est Levée

x Quant à Savoir Qui
Est *Dieu_*

Personne_ Ne Fera
Mieux, qu'Un Qu'En Dira
T-On...

... Sauf Peut Être
à Se Dire_

Que Tout N'Est
Pas Bon à Savoir...

Mieux Vaut
Reconnaitre *Son
Ignorance_*
Que de Faire
Un Faux Pas_

Un Peu Trop_ *Mortel*...

171.

J'Avais Dans
Une Main_
Un Verre de Vin_
x Dans L'Autre
Un Livre...

J'Ai Choisi
Le Verre de Vin_

x Sa Délicatesse,
Fleurie, de L'Ivresse...

*L'Univers, Est Si
Vaste_*

*x Pourtant_ Pas
Plus Grand qu'Un Grain
De Sable...*

La Perle d'Extase
A Donné Naissance à
Un Jus Si Doux_
Qu'Il A Mis Fin à
Ma Vanité...

'AKA'

172.

Tu As Vu
*Dieu_*

Moi,

*Je Ne L'Ai
Pas Vu...*

x Je Ne Le
Suis Pas_ *Dieu_*

Ni moi...
Ni Un Autre...

... J'Ai Aimé
Mes Frères...

... Loin de Toute
Imposture...

J'Ai Aimé Un Verre...

Il Était Plein
De Vin_ ...

x de Poésie.

'AKA'

173.

Je Suis, *Ivre_*
à En Vivre_
Jusqu'Au Bout...

Je Suis *Soul_*
à En Mourir_

*Ivrogne_* x
Derviche....

Je Suis_ *Au Bout,*

Du Rouleau_
De Papyrus...
Aux Ecrits_ *Incompréhensibles.*

Je Suis Torché_
De Gnôle_

Pure x Simple_
D'Avoir Appris_
A Ne Plus Rien Savoir...

'AKA'

174.

Nul Ne Peut
Être *Artiste*
Sans Être
Sincère Dans
Son_ *Art*...

Nul Ne Peut
Être *Esthète*
Sans Croire_
*Au Néant, de La
Beauté*...

... *Les Jardins de
La Vacuité*...

Sont Pleins de
Corolles_ *Evanescentes*.

A L'Aube_ d'Une
Rosace de Pureté_

Je Veux_

Goûter L'Essence
D'Être *Ivrogne*... ... !

'AKA'

175.

Vision/s

De L'Astre_
Le Plus Pur_

Non Etoilé_

Du Néant de L'Impossible,

x De L'Impossible, du
Néant...

De L'Aurore_ Dévoilée...

En Scintillement
De L'Eclat de L'Aube_

Vision/s_

En Ciel Empourpré_

De Ne Plus_ Exister_

Encore...

'AKA'

176.

Le Seigneur de
Ton Âme_
*Veut Que Tu
Reconnaisse Ton
Cœur_*

... Dans La Pureté

De Son Innocence

Originelle...

x Dans La Beauté_
Des Expériences...
Acquises...

x Des Leçons_ Apprises.

J'Ai Beaucoup
Douté...

Mais moi, Aussi,
J'Ai Appris de Toi...

... J'Ai Beaucoup Douté_

Mais J'Ai Appris de moi-même,
X Des Autres...

'AKA'

177.

Il Y A Des
Détails Qui *Ne*
s'Expliquent Pas...

Au Fur x à Mesure,
Que Tu Grandis_

Tu Apprends
L'Importance_

De Se Taire...

De Voir des Fleurs
à Un Détour...

De Cheminement,
Insolite_

Au Cœur d'Un Mutisme,
Mutin_ Sans Autre
Démonstration_
Qu'Un Silence...

Ce Que Tu Exprimes...

Tu N'As_ Besoin, de Le Dire...

Ce Qui Tu Inspires...
Tu Le Vois Dans
Les Yeux_ x Soupirs...

178.

Mes Défauts_
Je Les Ai Acceptés

J'Ai Appris_
à Vivre_ J'Ai
Appris à Aimer...

A Respirer Les
Parfums_ de Fleurs
De Souvenirs...

x Les Essences
De Corolles à Venir...

x Redoutées_

Pour Un Rien_

'AKA'

179.

L'Intelligence
N'A Pas Suffit
à Nous Dire...

Ce Qu'Il ne Fallait
Pas, x Ce Qu'Il
Ne Fallait_
Surtout Pas...

Faire... Dire...
Ou Voir...

Ce Que J'Ai Vu
Avec Mon Cœur_

J'En Ai Le Souvenir...

X Je Le Sais, Dorénavant...

Quand On Aime_
On Sait L'Essentiel,
De Ce Qu'On à Savoir...

Quand On Aime, On Le Sait_

'AKA'

180.

Je Ne Suis
Pas Un Homme...

*Je Suis Un Homme
De Cœur_*

C'Est Un Privilège_
Que L'On m'A Accordé...

*Je Suis Un Homme
De Cœur...*

Mais Je Ne Suis
Pas Un Homme
Pour Tout Le Monde.

Peu Importe...

Je Suis Un Pauvre Homme
Face Aux Rosaces_
En Lesquelles_
On Succombe...

'AKA'

181.

J'Ai Payé Le
Prix de Cette
Société...

x Pourtant,

*Je N'Y Suis
Jamais Parvenu...*

J'Ai Eté Interpellé
Par des Faits...

x Je me Suis Engagé, *à Vivre*...
à Aimer...
à Lutter_ x à Partager...

Envers x Contre_
Vents_ x Marées...

C'Est Pour Rendre Libres...
Les Roses Etouffées...
... Que Je Suis *Derviche_*

X Parvenir Aux
Corolles... *Victorieuses
De La Méprise...
x Porteuses_ de L'Espérance*

Imprévisible... *x Redoutable.*

182.

Je Suis Tombé
Pour Une Perle
D'Eau_ Pure...

Je Suis Tombé...

Pour Une Peu
De Rosée...

Je Veux Fleurir,
Dans Les Contrées...
*Où Il Ne Pleut Plus_*

Je Veux Dormir_
D'Un Rêve Eveillé
x Lumineux...

Tel Un Cygne_

Sur Le Lac de Pensées
De Beautés Oniriques...
Parvenues Au Lotus_

De L'Effacement...
En Rosaces, de Délicatesse....

'AKA'

183.

Je Suis L'Imam
Du Raisin_

*Mais Il Vaut
Mieux_ Que Tu Ne
Le Saches Pas...*

Si Tu N'Es Pas Versé
En Ivresse/s...

... Je Suis L'Imam
Du Raisin_

... x Cela me Donne
Le Droit_

De Célébrer
L'Al Khôl_
... Mon *Dieu_*
x Seigneur... *De Derviche*

Pour Être Abstrait_

Aux Horizons_
De La Bigoterie...

X De La Croyance... de Ce Que
Tu Crois Avoir Vu... Sans Avoir Compris.

'AKA'

184.

Dans L'Océan
Du *Néant_*

Mes Poissons
Sont de Lumière...

Mes Poissons
Sont de Lumière...

x Pourtant,
Ils N'Existent Plus.

Dans L'Eau_ Rêvant
Le Passé...

Il Existe, Un
Avenir Sans Soupçon...

Un Prestige...

D'Être Voué_ Au *Vide_*
Contrasté_ En Plénitude.

Non Avouée_

Mais Acquise...

Non Avouée, Mais Avérée.

'AKA'

185.

J'Aime Les
Fleurs_
Qui Savent se
Faire *Craindre*...

J'Aime Les Corolles
Qui Savent *Se Faire Douces_*

à En Mourir_ Averties...

A En Rougir_
De L'Exquis,
Eprises... Mais Alertes...

... En Caresse/s x
Pruderies...

D'Un Cœur Fier qui
Succombe...

J'Aime Les Fleurs
Pour Lesquelles
On Tombe...

D'Amour Sûr. En Colombe/s.

Pourpre/s...

'AKA'

186.

J'Ai Eté Canard
Avant Toi

Avant_ d'Être
Cygne...

x Tu N'As pas Eté
Cygne...

Pour Me Dire
Que Tu Es Canard
Aujourd'hui...

Au Creux de L'Abyme...

De La Tragédie
Des Oiseaux...

Il Y A Un Simorgh_
Un Phénix_

Qui Ne Veut Plus,

Que L'On Lui Dise_
D'Être Pur_
En Méprise_ de Clarté...

Je Veux Être Cygne_
En Une Belle Aube de Beauté...

'AKA'

187.

J'Ai Vu Le
Meilleur_ x J'Ai
Vu Que Le Pire...

Était Meilleur_
Pour moi...

... J'Ai Vu Le Prude...
x L'Envie...

J'Ai Vu L'Azur_ Empourpré...

Devenir Risible_
A Côté_ D'Une Île...
x J'Ai Choisi_ d'Eprouver...

Errance x Pauvreté...

... J'Ai Vu L'Opprobre...

En Société...
Avoir Droit de Cité_
Pour Apprendre_
Aux Anges... à Vivre...

x De Clarté, J'Ai Ri.

188.

La Vertu
D'Une Fleur

Fini Toujours
Par Retrouver
La Place_

Qui Lui Reviens

De Droit x de Culture…

… La Vertu d'Une
Fleur_

Ne Tolère Pas L'Abus…

Mais Bois L'Eau_
De L'Aube Pure…

En Averse/s Douce/s…

… La Vertu d'Une Fleur…
Est Prompte à Rendre
Soul…

X Fou d'Ivresse/s…
… En Onde/s de Caresse/s Prude/s…

'AKA'

189.

Ne Crois Jamais
Ce Que_ *D'Autres*
Ont Vu...

A Dire à Son
Frère Que *Dieu_*
Le Toise...
Il Finira Fou_
Hagard_ x Esseulé...

Il Y A Dans Un
Verre de Vin...

Un Remède, à La
Bêtise...

Il Y A
Sur Le Chemin
Des *Corolles_*
*Jolies_*
Qui Font des
Des Derviches...

'AKA'

III/

Voyage/s
Récit d'Un Cheminement Interne Vers Le Seuil

I/

1/ La Flamme
2/ L'Affrontement
3/ La Terre
4/ L'Astre Gardien
5/ Les Enigmes du Langage...
6/ Les Fées, Naïades x Nymphes
7/ Les Totems...
8/ Le Trône...
9/ Le Visage de Cristal
x Les Astres de Couleur/s
10/ Le Dreadlock...
11/ Les Noces Erotiques
12/ La Genèse des Origines
13/ Les Lumières
14/ Le Tunnel Opaque
15/ La Corolle de Cristal
16/ L'Ecole x Les Invisibles.

II/

La Vision Interne
Sans Formes.

III/

Le Prix de L'Amour
x L'Amour Sans Prix.

Prie Avant de Lire

'AKA'

*Que Le Seigneur
M'Eloigne des Tourments de
L'Orgueil…*

'AKA'

I/

1/ La Flamme

Mauvais Miel… Mauvais Miel de Douleur,
Prêt à Révéler des Secrets qui Doivent
Être Tus… Mauvais Miel d'Amertume… Dis moi
Pourquoi Es-Tu, Tranquille ?

Si Tu Sais Que Je Marche Vers
La Tombe… ?

Engourdi de Miel Sauvage, Vêtu de Blanc Et Le
Visage
Rafraichi, J'Allais me Réfugier Dans Ma Chambre
Pour Avoir Le Fin Mot de Cette Histoire…
Je Perçu des Êtres de Blanc Vêtus à Travers Le
Feu, x La Flamme, Prit Une Allure Vive… Puis
Sembla s'Animer Autrement…
Hallucinant, Je La Vis
Prendre Vie x Adopter La Forme de La Tête
D'Un Chat… Alternant, Progressivement Avec
Celle d'Un Caméléon…

La Flamme Repris L'Aspect de Celle d'Un Chat...
Puis, Le Chat Jaillit d'Elle x Vint s'Approcher
de moi... 'Alors... Tu m'Reconnais?' Dit-Il.
'Oui...' Répondis-Je 'Tu Es Le Gardien du Seuil'

'Oui, C'Est Vrai, Mais Tu N'As Pas Tout Compris
Cherche Encore...'

Après Le Chat, Je me Retrouvais Face Au
Caméléon...
Puis Il Disparu, x Laissa Place à Toutes Sortes
d'Animaux Plus Dangereux x Sauvages Les Uns
Que Les Autres...

2/ L'Affrontement

Je Fus Dévoré Par Les Animaux, Crocodiles
et Monstres de Toutes Sortes...
Puis Ils Jouèrent Avec Mes Os, En Jonglant
Avec x En Les Jetant En L'Air...
Un Dragon Apparu Devant moi
x Crama Mes Restes d'Une Flamme Violente
Jaillissant de Sa Bouche...
J'Affrontais Toute Cette Faune Dangereuse
Sans Craindre Pour mon Sort... x Ils En
Devinrent Tous Plus Gentils Les Uns Que
Les Autres... Jusqu'à L'Accalmie Complète...

Le Chat Sauvage Bronze x Doré Réapparut...
x Je Compris Son Mystère x Celui *des Autres*...

3/ La Terre

Il Ne Restait Plus Grand Chose de mon Corps.

Mes Restes Ne Furent qu'Un Avec La Terre...
x Je me Senti Ne Faire Plus Qu'Un Avec Elle.
La Paix se Fit En moi...
Mon Cœur, s'Arrêta de Battre, Puis,
Progressivement, Je Plongeais En Elle...
Jusqu'à Rejoindre Les Tréfonds, x Les Profondeurs.

Je me Retrouvais Dans Un Tunnel...
Puis Fus Projeté Dans Un Espace Infini,
Mais Clos.

4/ L'Astre Gardien

Lentement, J'Approchais de L'Astre Solaire...
Il Avait Un Double Visage de Chat, x de Caméléon...
Face à Lui, Je Fis Preuve d'Humilité...
Puis Je Le Saluais En Prononçant des Mots Sacrés
x Bénis. Puis Je Dis... 'Je Suis Devant Toi
Humble x Pur... Je Ne Crois Pas En la Magie
x En la Sorcellerie...'

'C'Est Bien, Tu Es Intelligent...' Répondit-Il...
'Mais Tu N'As Pas Tout Compris...
Qui Suis-Je ? ...'

Je Répondis à sa Question Avec Une Réponse
Grave x Solennelle... Attendant sa Réplique...

x Souriant Il me Dit... 'Gagné... !
Tu As Trouvé La Réponse...'
'Viens à moi ... '

J'Entrais à L'Intérieur du Soleil...
Puis Je Fus Dans Une Autre Dimension...

5/ Les Enigmes du Langage...

Je Compris x Expérimentais Les
Enigmes du Langage...

*6/ Les Fées, Naïades
x Nymphes*

Progressivement, Je me Retrouvais
Dans un Monde Aquatique...

Les Fées, Les Naïades x
Les Nymphes m'Accueillirent Avec
Des Fleurs...

Elles m'Offraient des Mangues
x des Fruits Juteux, Giclant
de Breuvages Agréables x Sucrés,
Provoquant des Sensations Douces, x
Aussi Merveilleuses que Les Plus Beaux
Délices de Vivre...

Je Plongeais Dans Leur Monde
Avec Joie, Puis, Pénétrais dans
d'Autres Sphères...

7/ Les Totems...

Je Vis Un Oiseau x Un Masque
Sculptés Dans L'Ebène...

Je Vis Des Poissons d'Ebène, Aux
Reflets d'Or x de Jade...

8/ Le Trône...

Je Vis L'Infinité des Univers...
x Des Êtres de Dimensions Colossales...

Ils Jouaient Avec des Perles,
Contenant des Mondes...

L'Infinité des Univers N'Etait
Qu'Un Détail dans leurs Mains...
x Les Perles Dans Leurs Mains, Contenait,
L'Infinité des Univers...

Je Rentrai dans Une Autre Dimension.
Puis Je Vis Un Colosse Assis Sur Un Trône...

Je Vis Un Être
De Taille Colossale...

Assis Sur Un Trône, Imposant...

Son Teint Avait Un Aspect
Rappelant Le Jaspe...
Ses Mains, Sa Têtes x Ses
Pieds Etaient Recouvertes
De Pierres Précieuses...

Joyaux x Perles...
Diamants x Pierres
De Toutes Sortes...

Sa Beauté x sa Dimension Etaient
Incommensurables...

Quand J'Ai Vu
Le Trône, Je L'Ai
Reconnu... Comme s'Il
S'Agissait d'Un
Souvenir Lointain...

A Ce Moment Là,
Quelques Mots me Furent
Dit...

x Je ne Puis, En Rendre
Compte, Ici...

9/ Le Visage de Cristal
x Les Astres de Couleur/s

Je Rentrais Dans Une Dimension
Opaque... Sans Couleur...

x Je Fis Face à Un Être Au
Visage de Cristal... Aux Traits Fins...
x De Taille Gigantesque...
Ses Cheveux Etaient Longs x Il
Était Barbu... Il me Parla d'Une
Voix de Tonnerre, Très Puissante...

Il me Dit: 'Je Suis ... ❋❋❋ ...
Je ... ❋❋❋ ...
Je Prends La Couleur que je Veux
Car Cela me Plait...
x Il En Est Ainsi... '

'Qu'Il En Soit Ainsi... ' Répondis-Je.
Puis Je me Mis à Genoux Devant Lui.

Il me Dit: 'Garde Toi de Le Faire
Car Je Suis Ton Frère... Viens Avec moi,
Je T'Emmène Voir *mon Père...'*

Il me Prit La Main, x m'Emmena Avec Lui

10/ Le Dreadlock...

C'Est Alors que Je Le Vis Secouer
La Tête x Les Cheveux... Avant de Devenir
Un Dreadlock

11/ Les Noces Erotiques

Je Vécu des Expériences Sensorielles Fortes.
Puis Je Fus Témoin d'Une Procréation.

12/ La Genèse des Origines

Je Vis La Genèse des Origines.

13/ Les Lumières

Je Vis Un Peuple de Lumière
A La Couleur de Lys...

14/ Le Tunnel Opaque

Je Fus Projeté dans Un Tunnel
Opaque à Très Grande Vitesse...
Puis Je me Cognais La Tête de
Manière Assourdissante...

15/ La Corolle de Cristal

Une Corolle de Cristal Apparut
Au-Dessus de ma Tête, Puis Elle Vint
se Placer Au-Dessus de mon Torse,
Perpendiculairement à mon Corps.

A Ma Droite, Surgit Deux Axes
Dorés, Qui Devinrent Par Rotation
Une Sphère, ou Un Disque...

La Rotation Cessa, Puis,
La Figure Géométrique Réapparue.

La Corolle Vint s'Unir à Elle,
Scintillante de Rosée...

Puis Elle Vint se Placer dans mon
Cœur...

Mon Cœur Devint Un Cœur de Jade,
Mes yeux s'Ouvrirent x Devinrent Emeraude.

16/ L'Ecole x Les Invisibles.

Je Fus Salué Ainsi...

'Sois Le Bienvenu...Tu Es Justifié...

Tu As La Bouche Pure, Les Mains
Pures x Les Pieds Purs Pour Cueillir
Une Fleur...'

Progressivement Le Calme se Fit,
Puis Une Voix s'Adressa à moi...
De Cette Manière...

Bonjour, Sois Le Bienvenu...
Tu Es Dans Une Ecole...
Ne Cherche Pas à Savoir Qui
Nous Sommes...

Tu Es Jeune x Tu Comprends Très
Vite... Mais Il Y A Ici des Gens Très
Graves x Plus Âgés que Toi,
Qui ne Rigolent Pas du Tout...

Ne T'Inquiète Pas.
Tout Ira Bien...

/Conclusion/

Il Est Important
de Comprendre Avant,
x Pas, Après...

Le Seuil Souillé, de Cette
Société N'A Pas de Sens...

Quand Bien Même J'Aurais
Vu les Anges...

x Les Plus Belles
Merveilles du Paradis...

Cela Prouverait-Il
Que J'Ai Vu *Dieu_* ?

Que La Gloire
Du Réel
Fasse_

Que Nul N'En
Sache Jamais Rien...

Personne Ne Sait ce Que
Les Autres Ont Vécu...

Sois En Averti... !

...

Tu Te Donnes
Le Droit de Maudire
Parce Que Tu Sais
Qui Est *Dieu_*

Parce Que Tu
Vois Qui Est *Dieu_*

Moi, Je Ne Crois
Pas Le Savoir...

Tu Te Donnes
Le Droit de Bénir
Parce Que Tu Sais
Qui Est *Dieu_*

Tu Réclames Un
Droit Sur moi...

Moi, Je ne Sais Pas

...

II/

1/

Un Maitre Vêtu de Blanc
M'a Fait Entrer Dans
Le Temple de Son
Cœur_

x J'Ai Appris à Voir
En me Détachant
Des Formes...

2/

Un Frère Ainé me Parla.
Il me Conseilla d'Enlever L'Epine du Cœur.
Ce Frère Ainé Evoqua Devant moi
La Gloire des Grands Chevaliers, des Temps
Anciens... Sans Dire un
Mot de Plus,
... Puis, Il Parti...

3/

J'Ai Croisé un Frère qui
M'A Salué x m'A Béni...
Il Était Coiffé d'Un Fez
Orné de Joyaux x de Perles...

Après Sa Bénédiction, Je me Suis Senti plus Léger.
J'Ai Repris Vie, x Ai Commencé à Espérer En
L'Avenir.

III/

Son Nom, Était Contenu,
Dans *Rubai'yat*. Telle Une
Rosace Rubis, Sa Rondeur
Était Tels, Les Pétales de
Fleurs. Elle M'a Dit, On
M'Appelle Ainsi, Parce que
J'Ai des yeux de Chats...
As-Tu Peur Ô, Ami... ?
Viens Vers moi, Je T'En Prie...

Je Plongeais Dans Ses
Formes x Volumes de Sphères...
Qui se Mouvaient En Sursaut/s
En Accord de Rythmes de Cœur...

Après Maintes Fois, d'Humilité
x d'Exquises Assiduités...
L'Unité de Forme x Couleurs...
Me Fut Conquise...

Je Fus Certain d'Avoir Vaincu
Charmes x Fantasmes...

Sans Avoir à Me Prononcer
Sur La Réalité de ce Qui
Est x N'Est Pas.

Ô, Mon Amie Bistre.
Au Regard Bleu/Vert d'Andalousie.
Je Suis Humble Telle Une Corolle, Avertie.

Quand On Voit Un Frère_

On Ne Le Prend
Pas Pour *Un Songe*...

Même Si Il Est Différent....

x Qu'On Ne Le Comprend Pas_

'AKA'

Ô Frère,

Tu As Trouvé La Voie
De La Vie_

x Je Te Salue
Pour L'Avoir Partagé,
Avec moi.

La Forme Est
Unique_

x Bien Loin des
Préjugés, Changeants.

Il n'Y a Pas
De Nombre Pour
Indiquer La Lettre
Qui Signe Le Néant_
De La Grâce Pure.

'AKA'

IV/

Bio x Infos
Bio/ Bibliographie/ Infos/ Liens x Contact

Bio

AKA Louis est un Poète et Créateur de Dessins Artistiques, Auteur d'Opus Poétiques Littéraires, Audio et Visuels. AKA Louis publie régulièrement de nombreux ouvrages, parmi lesquels, des Recueils de Poésie, évocateurs, et rafraichissants, ainsi que quelques Recueils d'Esquisses Couleur, accompagnés de Textes liés à des thèmes forts et inspirants.
Les Dessins Artistiques d'AKA Louis, sont des Créations qu'il nomme 'Esquisses Colorées', et qui se situent entre le Dessin et la Peinture...
Pour exprimer et partager, son goût d'une Vie Intérieure fleurie, et positive, AKA Louis utilise les Feutres à Alcool, Les Pinceaux, L'Encre de Chine, et toute une variété de pointes fines et biseau traçant la Beauté du Monde, et l'Originalité saisissante de l'Art de Vivre authentique.
Les Œuvres Graphiques d'AKA Louis tendent, en partie, à se diriger vers la Peinture sous une forme expressive et abstraite...
Le Nom de Plume d'AKA Louis, fait d'abord référence, par Jeu Phonétique, au vocabulaire Japonais, mais peut aussi s'interpréter selon une lecture originale de différentes Langues Orientales.
On y retrouve les Notions de 'Frère Ainé', d'émotions liées à la Couleur Rouge, à la Clarté et à la Lumière, ainsi qu'à l'Ivresse, à la Marge et au Plaisir de Vivre. AKA Louis est également Musicien et Lyriciste sous un autre nom d'Artiste, en tant qu'Auteur, Compositeur, et Interprète de nombreux Projets Musicaux.

Contact

akalouis.plume@yahoo.fr

Liens

Twitter
@AKALouisPoete

https://twitter.com/AKALouisPoete

Facebook
https://www.facebook.com/akalouisecrivain/

YouTube

Chaîne :
AKA Louis/Poète x Illustrateur

Tumblr
http://akalouisecrivain.tumblr.com/

AKA Louis/*Silent N' Wise*
http://akalouis.silentnwise.com/

www.akalouisportfolio.silentnwise.com

Ouvrages de l'Auteur

Les Axiomes Démasqués
(Recueil de Textes et Nouvelles) (2015)

De l'Hydromel Pour Les Sourds
(Traité Inabouti, Dilettante et Poétique sur le Sens de la Réalité) (2015)

Asymétrie Paradisiaque
(Mélange de Textes et d'Evocations Poétiques) (2015)

Ballade Anti/Philosophique
(Textes et Méditations Poétiques) (2016)

Ivresse De L'Eau
(Œuvre Poétique Evoquant Le Temps Originel)
(2016)

Féeries
(Recueil d'Esquisses Colorées) (2017)

Les Quatrains Libres (2017)

Les Quatrains Libres *(Vol. 2)* (2017)

Le Recueil D'Esquisses Colorées
(63 Croquis Colorés et 7 Textes Poétiques)
(2017)

The Colored Sketches Collection
(63 Colored Sketches And 7 Poetic Texts) (2017)

Origine/s
(Un Pamphlet Poétique)
(2018)

L'Alcool Fleuri de L'Aube
*(Collection de Tweets x Autres Inspirations
Poétiques)*
(2018)

Derviche/s
(Portraits d'Anachorètes en Peinture/s)
(2018)

Dervish/es
(Portraits of Anchorites in Sketche/s)
(2018)

Le Frère
(Salutations à Mes Frères en Ivresse/s)
(2018)

Ô, Rose Noire d'Iran
*(Pèlerinage Vers L'Unité
Interne de La Beauté)*
(2019)

Vision/s
*(Eloge de L'Intuition Pure et de
La Vision Interne Sans Formes)* (2019)

AKA Louis
Conseils de Lecture /1

Mes meilleurs ouvrages sont mes recueils de poésie. Ce sont les seuls que je conseille, aux lecteurs, désireux, de connaitre ma littérature. Les plus notables sont : 'Les Quatrains Libres' Vol. 1 et Vol. 2, ainsi que 'Le Recueil d'Esquisses Colorées', qui contient plus de 63 'croquis' couleur, et dont des exemplaires, traduits, sont disponibles en anglais. 'Ivresse de l'Eau', qui évoque le Temps Originel, comme une bonne part de mes livres, de manière plus ou moins évidente, est un Livre intéressant, mais il contient des maladresses, tout comme 'Origine/s', qui reste un Ouvrage audacieux. Mes autres travaux sont plus ambigus, en termes de valeur littéraire, et d'interpellation du lecteur, selon moi. 'Les Axiomes Démasqués', m'ont valu d'excellents commentaires, et critiques de lecteurs, captivés par sa narration, et sa singularité, mais sa syntaxe, et son esthétique formelle, reste pour ce qui me concerne, plutôt, inaboutie… C'est un livre, particulier, que j'ai écrit, pour régler, une dette, que j'avais envers la Vie… Je ne le conseille pas nécessairement, mais, il reste disponible à la lecture. 'Asymétrie Paradisiaque', et 'Ballade Anti/Philosophique', ne sont plus disponibles depuis le mois de Mars 2018…

AKA Louis
Poète x Illustrateur

AKA Louis
Conseils de Lecture /2

Les ouvrages publiés à partir du 'Recueil d'Esquisses Colorées' seront a priori d'un intérêt littéraire plus solide que mes tout premiers travaux poétiques, mais aussi d'une maitrise plus aboutie en termes de proposition littéraire. 'ô, Rose Noire d'Iran' est, dans le fond comme dans la forme, un de mes meilleurs projets. Voici, dans un ordre aléatoire, une liste de mes ouvrages les plus incontournables :

'Le Recueil d'Esquisses Colorées'
'Les Quatrains Libres (Vol. 1 & 2)'
'L'Alcool Fleuri de L'Aube'
'Derviche/s'
'Le Frère'
'Ô, Rose Noire d'Iran'
'Vision/s'

> AKA Louis
> Poète x Illustrateur

Je Veux Une
Coupe Légale
Non Point Une Coupe
Interdite...

Je Veux Un
Vin Qui Absout...
Non Point Une
Epice, qui Gâte_

Le Goût de Vivre...

'AKA'

Qui A Vu
*Dieu_* ?

Personne...

Je Préfère Boire
Du Vin Par
Modération...

'AKA'